关联—优选论框架下的指称转喻理解研究

曹燕黎 著

东南大学出版社
SOUTHEAST UNIVERSITY PRESS
·南京·

图书在版编目(CIP)数据

关联—优选论框架下的指称转喻理解研究 / 曹燕黎著. 南京 ：东南大学出版社，2019.12

ISBN 978-7-5641-8746-0

Ⅰ.①关… Ⅱ.①曹… Ⅲ.①汉语-比喻-研究 ②汉语-修辞学-研究 Ⅳ.①H15

中国版本图书馆 CIP 数据核字(2019)第 287094 号

关联—优选论框架下的指称转喻理解研究

著　　者	曹燕黎
出版发行	东南大学出版社
出 版 人	江建中
社　　址	南京市四牌楼 2 号
邮　　编	210096
网　　址	http://www.seupress.com
经　　销	全国各地新华书店
印　　刷	江苏凤凰数码印务有限公司
开　　本	787 mm×960 mm 1/16
印　　张	13
字　　数	226 千字
版　　次	2019 年 12 月第 1 版
印　　次	2019 年 12 月第 1 次印刷
书　　号	ISBN 978-7-5641-8746-0
定　　价	53.00 元

(本社图书若有印装质量问题，请直接与营销部联系。电话：025-83791830)

序

作者曹燕黎博士是东南大学的对外汉语老师，十一年前我在东南大学外国语学院举办的一次学术会议第一次见到她。那时她刚硕士毕业留校，在东南大学海外教育学院任教。一年以后，她以优异的成绩，考入南京大学外国语学院，在我的门下攻读语用学方向的博士学位。

读博期间，曹燕黎始终是一位刻苦学习、勤思好问、热爱钻研的学生。她待人真诚，乐于沟通。课内课外，她勇于提问，请教课程学习与论文研究中遇到的各种问题。2013 年秋季，我赴伦敦大学做高级访问学者，她坚持通过 QQ 语音电话，主动向我汇报论文进度，顺利解决了博士论文撰写中遇到的各种难题。她勤奋向学，意志坚定，即使后来身怀六甲，仍坚持参加每周一次的论文研讨课，不搁置博士论文研究与写作，直到迎来自己的千金。也难怪，她说博士学位论文是她的另一个孩子。后来我才知道，当时她孩子还在襁褓中，且时值深冬，但她仍然坚持每晚三四个小时的论文写作。有她这样的认真、毅力和决心，又有什么学问做不好的呢?！很自然，她顺利完成了论文初稿，顺利通过了论文盲审和预答辩，顺利通过了论文答辩，2014 年秋顺利毕业并拿到博士学位。

曹燕黎的博士学位论文选题涉及转喻研究、跨语用学、认知语义学、修辞学等学科，属于典型的界面研究。转喻的语言学研究虽然已有 40 年的历史，尤其是随着认知语言学的崛起，转喻研究进入新的阶段。总体看，绝大多数文献仅从认知语言学视角探索转喻的内部运作机制，而相对忽视具体语境下转喻理解的制约因素及机制。曹燕黎基于认知语言学和语用学在转喻研究上的互补性，采用理论分析和心理学实验相结合的方法，深入探索转喻理解的选择机制、触发因素、理解难度等问题。该论文首次将认知语用学的代表性理论——关联理论与优选论进行了有机整合，充实了最佳关联原则制约下的转喻话语理解程序，体现了较大的理论创新，对隐喻、反语、夸张、幽默等修辞性话语的研究具有直接的参考价值。就研究方法来说，该论文采用了有声思维和访谈，深入探析了转喻的理解过程，发现了相关理解过程与机制的直接证据，为所采取的理论路径提供了客观支撑。正是因为理论上的开拓性和方法论上的严密性，曹燕黎的博士学位论文得到了盲审及答辩专家的高度肯定。当然，转喻的认知语用学研究还有很大的发展空间，未来的研究或可考虑转喻的应用或实验探索。曹燕黎博士充分认识到这一点，并持续不断地努力探索。2017 年，她申报的课题“基于认知视角的来华留学生汉语辞格的理解及其应用研究”获得了国家社科基金青年项目的立项。作为又一个阶段性成果，这一课题立项是对她一直以来坚持转喻研究的肯定与回报。

自 2006 年以来，我迄今已经招收了四十名弟子，曹燕黎无疑是最让我引以为豪的学生之一。虽然她还处于学术生涯的早期阶段，但作为老师，我对她的学术未来抱有很大的期许和信心。我欣慰地看到，她在博士毕业以后，一直在继续从事学术研究，积极参加各类学术活动，譬如 2015 年她参加了我在比利时安特卫普第十四届国际语用学大会主持的转喻专题研讨，过去的一年在世界著名学府剑桥大学跟随国际知名学者袁博平教授访学。她对学术研究发自内心的兴趣和热爱，她做研究的那股认真劲儿，她所在单位的良好学术环境，都让我有充分理由相信她一定会研有所成，研有所乐！

衷心祝贺曹燕黎基于博士学位论文“升级”而来的新著——《关联—优选论框架下的指称转喻理解研究》即将付梓面世，期待本书凭借其学术贡献获得应有的学术关注，对转喻及相关语言现象的未来研究起到应有的推动作用。

是为序。

陈新仁

2019 年 11 月 10 日

目　录

第三章　基于关联论与优选论的分析框架

第四章　指称转喻解读:基于关联—优选论的理论分析

第五章　指称转喻解读:基于关联—优选论的实验研究

第六章　结论

附录

第一章 导言

近十几年来，转喻研究呈现出修辞学、认知语言学与语用学的融合趋势，主要涉及指称转喻的界定与分类、指称转喻的推理等研究课题。认知语用学在指称转喻的产生与理解、交际效果等方面的研究超越了传统的学科，但该视角下总体的研究数量还偏少，且主要停留在理论研究层面。本研究试图以指称转喻的认知语用学理论研究为基础，通过心理学实验的方法探索指称转喻的具体理解过程。

本章是全书的总览，试图对本研究进行总体描述。本章分为四节：1.1 介绍转喻研究的历史背景，指出现存的问题；1.2 用具体的例子区分不同的转喻类别，指出本研究的研究对象——指称转喻；1.3 从指称转喻连续体的理解机制和话语理解的理论框架两个方面说明本研究的研究目标；1.4 逐一说明本研究六个章节的内容安排。

1.1 研究背景

从亚里士多德的《诗学》(*Poetics*)发表以来，转喻(metonymy)一直被认为是一种传统的、具有语言修饰作用的修辞方式，因而常见于文学作品中。例如，古诗“孤帆远影碧空尽，唯见长江天际流”中就是以一片“孤帆”来代“船”，这种语言修饰凸显了“孤”的画面，表达了怅然若失的离别之情，比用“船”更具

修辞效果。其实，转喻不只在文学作品中比比皆是，在日常交际中也无处不在，以至人们几乎忽略了它的存在。例如，Markert & Nissim(2006)发现，随机抽取的 BNC 语料库的例句中 20%的国名、30%的公司名都用作转喻。正如 Lakoff & Johnson(1980)所言，转喻体现了我们日常说话、思考、行为的方式。从 20 世纪 80 年代起，认知语言学对转喻的研究迅速发展起来，转喻不仅仅被视作一种修辞方式，更是一种普遍的思维方式。

与认知语言学关注作为思维方式的转喻及其语言表征不同(参见 Lakoff & Johnson, 1980; Lakoff, 1987; Kövecses & Radden, 1998 等)，语用学更专注于描写、解释转喻语言的使用现象(参见 Nunberg, 1979; Papafragou, 1996; Song, 1998)。然而，无论是认知语言学还是语用学对于转喻理解机制的研究都比较缺乏(参见 Panther & Thornburg, 2003; Papafragou, 1996)。近年来，开始有少数研究(江晓红, 2009)从认知语用学的视角对转喻解读的制约因素、认知语用过程中的意义建构进行描写、分析，但研究者也仅仅局限于对新颖转喻(novel metonymy)解读过程的理论分析，对转喻的理解过程中各种制约因素如何发挥作用、如何制约解读过程、同一表达的不同转喻用法如何产生与选择等问题没有深入探究。鉴于此，本研究旨在探索交际者理解指称转喻时遵循的理解的选择程序以及其中涉及的制约假定等具体问题，并辅以心理学实验求证，以期建立指称转喻解读的理论模型。

1.2 研究对象

过去，无论是在传统修辞学还是认知语言学领域中，转喻都被看作一个概念实体被另一个概念实体所替代的现象。这种替代的基础是两者间物质、因果或认知的关系，或者说是一种邻近性(contiguity)(参见 Dirven, 2003; Jakobson, 2002; Nunberg, 1978 等)。这种邻近性引导听话人进行喻体与本体关系的联想推理进而得到本体。例如：

(1) There are a lot of good **heads** in the university.

(2) **Proust** is tough to read.

(3) **The ham sandwich** is getting restless.

(1)、(2)、(3)都是典型的转喻,(1) 是用"heads"指代"intelligent people",(2) 中"Proust"转指"Proust's novel",(3) 则用"the ham sandwich"指代"the customer who ordered the ham sandwich"。上升到转喻概念来说,上面的三个例子分别是部分代整体、整体代部分、特征代人物的转喻模式所产出的实例。因此,转喻不仅是语言现象,更是转喻的思维和行为方式(沈家煊,1999)。

目前,转喻的划分标准不一,既有词汇层面的转喻,也有语法、言语行为、语篇层面的转喻。按照语言使用的功能,转喻可分为指称转喻(referential metonymy)、谓项转喻(predicational metonymy)、言外转喻(illocutionary metonymy)(Panther & Thornburg, 1998)。指称转喻即具有指称功能的转喻,在转喻中最常见,如上文的(1)、(2)、(3)。谓项转喻是谓项的转变,即用一个陈述代替另外一个陈述,如(4)中用"had to stop production"替代"actually stopped production"。言外转喻则指间接言语行为,如(5)中用"关窗的愿望"激活"关窗的请求"。

(4) General Motors **had to stop production.**

(5) **I would like you to close the window.**

根据张辉、卢卫中(2010)的研究,Panther & Thornburg 的分类还不能覆盖所有的转喻。例如:

(6) **The poor dog left with its tail between its legs.**

(6)中"可怜的狗夹着尾巴离开"可能映射可怜的狗受到惊吓后离开的整个场景,因而也可看作一种转喻用法。

从上述分类可以看出，转喻不是一种整齐划一的语言或认知现象，各类转喻的语言形式、认知机制、语用功能都不一致，因此，有必要将本书的研究对象界定清楚。

具体说来，本研究重点考察语言层面的指称转喻。一方面，指称转喻是转喻的典型类别；另一方面，现有转喻研究主要也是针对指称转喻的，相关前人成果可为本研究提供必要的基础，也为本研究取得突破提供了可能。

在指称转喻内部，大体也可分为两类：规约性(conventionalized)和非规约性(non-conventionalized)指称转喻。就规约性程度而言，指称转喻可以看作一个连续体，规约性和非规约性指称转喻的区别只是规约程度大小的问题(参见 Papafragou，1996；毛帅梅，2009)。这个连续体的两端分别是已进入词典的、转喻意义高度约定俗成的规约性指称转喻和极度依赖语境产生和推理的非规约性指称转喻。譬如：

(7) 安徽滁州官员受贿近300万**"乌纱帽"**卖了100万

(中国新闻网，2010年3月11日)

(8) 读书是为了让孩子有一技之长，为了以后的**"饭碗"**吗？

(摇篮网摇篮说第60期，2014年4月22日)

(9) 这回咱们有钱了，身价高了，你怎么也得找一个**五百万起步的**啊？

(电视剧《夫妻》)

根据《现代汉语词典(第六版)》，"乌纱帽"借指官职，"饭碗"借指赖以谋生的职业。在(7)和(8)中"乌纱帽""饭碗"两个指称转喻经反复使用已经进入固定的词汇，其理解比较容易。在(9)中，说话人用"五百万起步的"指代有钱人，属于非规约性指称转喻或新颖指称转喻，现有任何词典中都未列出这一词条，更不用说该表达的转喻用法了。

值得注意的是，同一个词汇有时既有字面意义，又有转喻意义，甚至还有隐喻意义。以下列各句中的"齐天大圣"为例：

(10) 还有在我们的历史传说中《西游记》里的**齐天大圣**,也是猴子的化身。其实那是传说、神话。

（北大语料库）

(11) 昨天中午,在江宁土桥的庙会上,耍猴人刘大伯带着10只小猕猴在街头表演,惹来不少人围观。……围观者哈哈大笑:“**齐天大圣**造反了呢!”

（《现代快报》,2012年4月7日）

(12) 彗星光临,月掩金星,金星凌日……眼看猴年就要到了,众星将在“**齐天大圣**”的带领下,在猴年的太空为人们上演一出出好戏。

（北大语料库）

(10)是字面用法,“齐天大圣”指的是《西游记》中的孙悟空;(11)属于指称转喻,用“齐天大圣”转指街头表演的小猕猴;(12)中“齐天大圣”则是隐喻,指代金猴年星相活跃的金星。因此,理解指称转喻首先要识别指称转喻,即找出其独特之处。不仅如此,在理解指称转喻的过程中,可能还面临多重意义的选择问题,例如(13)、(14)、(15):

(13) 菲律宾向国际法庭提交了反对中国对南中国海主权声索的证据,尽管**北京**警告此举会破坏双边关系。

（人民网,2014年3月31日）

(14) 粤军加赛快棋不敌**北京**

（《南方日报》,2013年5月16日）

(15) 今起**北京**开刷“手机钱包”

（《北京青年报》,2013年7月22日）

(13)、(14)、(15)中的“北京”分别指代中国政府、北京象棋队、北京移动用户,转喻意义的规约程度从高到低。所以,即便同一词汇作为转喻来使用,其意义也可能面临多重选择。

本研究即以意义规约程度不同的指称转喻为例，探索指称转喻解读发生选择的条件和具体的认知语用过程，并最终建立有关指称转喻解读的理论模型。

1.3 研究目标

本研究的主要目标是揭示指称转喻解读的认知语用机制，探索指称转喻解读的触发条件、多种转喻意义的选择过程、不同类别指称转喻的理解难度等问题，力图建立一个合理的指称转喻解读的理论模型，为其他类似的语用一语言现象提供参考。具体来说，我们的研究目标涉及如下两个方面：

第一，进一步完善关于指称转喻连续体理解机制的认识。指称转喻研究的两个重要文献——Papafragou(1996)、江晓红(2009)的指称转喻研究不但局限于新颖指称转喻这一类，对转喻连续体的理解缺乏一个统一的阐释，而且对转喻理解的细节问题(如具体转喻意义的选择或构建中如何受到各类制约因素的影响)也没有深入探讨。因此，本研究拟通过对规约性与非规约性指称转喻的解读研究来发掘转喻连续体的理解过程，揭示交际者在理解规约程度不同的指称转喻时遵循的原则、受到的制约以及理解的程序。具体来说，本研究对制约指称转喻理解的语言、认知、语用因素在前人研究的基础上进行细化、再界定，证明三类制约因素的层级性，并联系指称转喻的解读过程进行阐释，进而找出指称转喻解读的触发条件、不同转喻意义的选择情况以及不同转喻类别的理解难度差异。

第二，进一步优化适用于分析指称转喻理解的理论框架。关联论中关于理解程序的论述没有具体展开，特别是对如何获得符合最佳关联的第一解读尚无具体交代。根据 Hendriks & de Hoop(2001)，语言的产出与理解都是优选的过程，只是涉及的角度不同：听话人对语言形式进行优选，而说话人则对意义解读进行优选。马秋武(2008:283)也认为，优选的思想一直存在于各种语用学理论之中。因此，本研究试图依据关联论的最佳关联、理解程序等基本假设，采纳优选论中优选的相关思想，来构建一个全新的、具备操作性的话语解读理论框架，用于重新阐释指称转喻的理解过程，也为类似话语现象的阐释提供参考。具体来说，优选论语法操作中优选的方法或手段可细化、充实关联原则制约下的话语解读程序，形成符合最佳关联的第一解读的选择机制：语言、认知、语用三类制约因素组成的评估机制对话语解读候选项按照可及性高低进行筛选，最终得出既符合最佳关联又满足优选条件的解读优选项。

1.4 结构安排

本书共分六章。第一章为导言，分别从研究背景、研究对象、研究目标等方面对本研究进行了简单介绍。第二章是文献综述，回顾并梳理转喻的界定与分类、指称转喻解读的理论研究、指称转喻解读的实验研究等方面的文献，述评相关研究的贡献与不足，指出本研究的必要性。第三章构建本研究的理论分析框架。在回顾关联论和优选论基本思想的基础上，依据关联论的基本假设，采纳优选论的优选精神，再结合对自然话语解读的制约因素的归纳，建立关联—优选论框架下的话语解读模型。第四章是关联—优选论框架下的指称转喻解读的理论分析。该章以汉语转喻语料为例，以自然话语解读的制约假定体系为基础，从理论上分析指称转喻解读的制约假定及其等级体系，探索转喻与非转喻解读的顺序以及转喻意义的竞争性选择等问题。第五章是关联—优选论框架下的指称转喻解读的实验研究。该章首先提出研究问题，说明受试的情况，描述数据收集和分析的方法，而后按照研究问题的顺序报告并分析实验结果，最后对指称转喻解读的模型进行调整。第六章为结论，回顾本研究的主要发现，指出本研究理论与实践启示以及存在的不足，同时对后续研究进行展望。

第二章 文献综述

本章评述指称转喻的相关研究，并反思其解读研究产生的贡献和存在的问题，从而为本研究提供理论背景和实验基础。

从转喻研究的类型来看，转喻研究可分为理论研究、实验研究和应用研究，且理论研究占绝大多数。过去，在相当长一段时期内，传统修辞学、认知语言学、语用学分别对转喻的修辞效果、认知机制、语用机理等方面展开了理论研究。近十几年来，转喻的理解研究逐渐呈现出认知语言学与语用学的融合趋势，研究者对转喻解读的制约因素、认知语用过程等关键问题提出了一些理论假设。

由于转喻在思维和语言中的普遍性，实验心理学、神经解剖学、自然语言处理等学科也十分关注转喻。转喻的实验研究主要考察人们理解指称转喻时的大脑机制和转喻语言的加工模式，转喻的应用研究侧重于指称转喻的识别标准，两类研究中转喻解读的制约条件、修辞语义的加工模式对于认知语用学视角下指称转喻的理解研究具有一定的借鉴性。

因此，文献综述部分包括：2.1 转喻的界定与分类；2.2 转喻研究的主要路径与趋势；2.3 指称转喻解读的核心问题；2.4 对上述研究的评价。

2.1 转喻的界定与分类

传统修辞学、认知语言学、语用学、认知语用学分别从不同视角对转喻进行了界定与分类。比较有影响力的转喻定义主要有传统修辞视角下的替代说，认知视角下的联系说(Fauconnier,1985)、理想认知模型(ICM)(Lakoff,1987)、认知域凸显现象(Croft, 1993)、同一认知域内的概念映射(Lakoff &Turner,1989)、意义详述(Ruiz de Mendoza Ibáñez & Hernández,2001)和参照点现象(Langacker,1999)等。比较具有代表性的转喻分类有陈望道(1979)、Ruiz de Mendoza Ibáñez & Hernández(2001)、Papafragou(1995,1996)、毛帅梅(2009)等。

2.1.1 传统修辞学中的界定与分类

传统修辞学中的转喻仅涉及名词性转喻，即指称转喻这一类。转喻最早的定义之一可以追溯到无名氏作品 *Rhetorica ad Herennium*，转喻被描述为“从邻近事物获得便于理解的表达方式的一类喻辞，而其自身的表达方式不易被理解”(a trope that takes its expression from near and close things by which we can comprehend a word that is not denominated by its proper word)(转引自 Panther & Radden,2005:1)。

在西方修辞学中，转喻被认为是喻辞的一类，最早研究转喻的是亚里士多德(江晓红,2009；杨成虎,2011)。在《诗学》第 21 章中，亚里士多德对隐喻论述如下：

> 隐喻是指一个事物用其他事物的名称命名；这种转变要么从属到种，要么从种到属，要么从种到种，或是建立在类比之上(转引自杨成虎,2011:24)。

由此可见，亚里士多德描述的前三种隐喻实为转喻，涉及了名称之间的替代，且仅与语言有关，是一种“换名”关系。

在现代汉语修辞中，转喻相当于借代①。《现代汉语词典(第六版)》(2012:

① 束定芳(2004)将 metonymy 译为换喻。

669)对借代的定义是“不直接把所要说的事物的名称说出来,而用跟它有关系的另一种事物的名称代替它”。

陈望道(1979:80)在《修辞学发凡》中也给出了借代的定义:“所说事物纵然同其他事物没有类似点,假使中间还有不可分离的关系时,作者也可借那关系事物的名称,来代替所说的事物”。他还根据所借事物和所说事物的关系,将借代分为两大类:旁借和对代。

旁借是伴随事物和主干事物的相互代替,且以伴随事物代替主干事物为主,分为四类:

1）事物和事物的特征或标记相代;

2）事物和事物的所在或所属相代;

3）事物和事物的作家或产地相代;

4）事物和事物的资料或工作相代。

例如①:

(1) 我拿了新闻看。**长腿**装着无聊的脸,坐在安乐椅子上。

(鲁迅译《现代日本小说集·沉默之塔》)

(2) **四海之内**,皆举首而望之。

(《孟子·滕文公》下)

(3) 慨当以慷,忧思难忘。何以解忧?唯有**杜康**。

(曹操,《短歌行》)

(4) 无**丝竹**之乱耳,无案牍之劳形。

(刘禹锡,《陋室铭》)

(1)中,用“长腿”的特征指代长着“长腿”的人;(2)中用“四海之内”指代“四海”之内的人,借地点代人;(3)中“杜康”是酿酒始祖,这里借他来指代酒;(4)中“丝竹”本是乐器的材质,这里用材料指代“丝竹”奏出的音乐。

① (1)—(12)的例句均摘自陈望道(1979)。

对代则是用所说事物相对代的事物名称来代替本名，也可分为四类：

1）部分和全体相代；

2）特定和普通相代；

3）具体和抽象相代；

4）原因和结果相代。

例如：

（5）你历年卖诗卖画，我也积聚下三五十两银子，**柴米**不愁没有。

（《儒林外史》第一回）

（6）子无谓秦无**人**，吾谋适不用也。

（《左传》文公十三年）

（7）三人请问房钱。僧官说："这个何必计较？三位老爷来住，请也请不到。随便见惠些须**香资**，僧人哪里好争论？"

（《儒林外史》第二十八回）

（8）彼此说着闲话，掌上灯烛，管家捧上酒饭，鸡、鱼、鸭、**肉**，堆满春台。王举人也不让周进，自己坐着吃了，收下碗去。

（《儒林外史》第二回）

（9）无穷江水与天接，不断海风吹**月**来。

（陆游，《泊公安县》）

（10）昨夜雨疏风骤，浓睡不消残酒。试问卷帘人，却道海棠依旧。知否，知否？应是**绿**肥**红**瘦。

（李清照，《如梦令》）

（11）故乡吴江多好山，**笋**舆篾舫相穷年。

（范成大，《题金牛洞》）

（12）汉皇重色思**倾国**，御宇多年求不得。

（白居易，《长恨歌》）

(5)中用“柴米”指代所有的生活日用品，是部分代全体；(6)中借用“人”指代“人才”，是全体替代部分；(7)中“香资”指代钱，是特定指代普通；(8)中“肉”指的是猪肉，是用普通代特殊；(9)中“月”指的是江面上的月光，是用具体代抽象；(10)中“绿”“红”分别指海棠的叶和花，是用抽象代具体；(11)中“笋”是竹轿子，是用原因替代结果；(12)中“倾国”指的是“佳人”，是用结果指代原因。

通过观察可以发现，这些次类的界限并不分明，例如(11)“笋”指代竹轿子，既可以划入旁借中 4)事物和事物的资料或工作相代，又可划入对代中 4)原因和结果相代。

总的来说，修辞学对于转喻的界定与分类还存在一些缺陷。修辞学视角下的“转喻”实则是词汇层面的指称转喻，却没有区分这类转喻与其他类型的转喻，并且认为转喻只是换名、替代，对换名、替代所基于的认知联系没有深入探讨。从指称转喻的分类来看，陈望道的分类虽然具体，但是因缺乏明确的分类标准导致类别烦琐、重叠、模糊(陈新仁，蔡一鸣，2011)。

2.1.2 认知语言学中的界定与分类

自 20 世纪 80 年起，随着认知语言学的蓬勃发展，转喻的认知研究逐渐兴起，成果丰硕。认知语言学中的转喻是广义的转喻，既指转喻的思维方式，又指体现在语言各层面的转喻形式。

在语用学的文献里，最早全面研究转喻的是 Nunberg 和 Fauconnier (Papafragou，1996)。Nunberg(1979)和 Fauconnier(1985)都认为转喻是一种“推延的指称”(deferred reference)，说话人通过描述 a 成功指称 b。a 和 b“因心理、文化或本地语用原因”而发生联系，这些联系体现在语用映射或“连接器”(connectors①)上。Fauconnier 还提出了“确认原则”：“如果两个物体(最普遍意义上的)a 和 b，通过语用函数 $F(b=F(a))$ 发生联系，那么对 a 的描述

① Fauconnier 对连接器的产生和理解一语带过，只说明连接器是 Lakoff 提出的“理想认知模型”(ICM)的一部分。转喻的连接器仅在同属于一个 ICM 的要素间操作。

da，可以用于确认 b”。后来的认知语言学家大体继承并发展了这种联系说的思想：转喻的物体间存在基于文化或经验因素的联系。

Lakoff & Johnson(1980)在研究隐喻时顺便提及了转喻。在他们看来，转喻是用一个实体来指代另外一个与其相关联的实体(using one entity to refer to another that is related to it)的现象。他们认为转喻的主要功能不仅是作为指称手段(referential device)，还有帮助理解的功能。转喻使我们更为关注被指称对象的某些方面。转喻概念(如部分代整体)体现了我们日常说话、思考、行为的方式。他们还指出，转喻不是随意发生的，不是孤立的例子，而是系统地根植于我们的文化中，以我们的经验为基础的(总是客观的、因果的联系)。

在后来的研究中，Lakoff(1987)更加突出了转喻的概念本质。Lakoff(1987:84－85)认为转喻不是语言现象，而应理解为语言现象背后的概念或认知结构(conceptual or cognitive organization)，是理想认知模型(ICM)[①]的一类。这种认知结构对应于一种“转喻模型”，有如下特征：

1) 在特定的语境下，为了某些目的需要理解“目标”概念 A；

2) 有一个概念结构同时包括概念 A 和概念 B；

3) 在那个概念结构中，B 是 A 的一部分，或者与 A 紧密联系。在那个概念结构中，对 B 的选择在典型情况下只会指向 A；

4) 在给定的语境下，与 A 相比，B 要么易于理解，易于记忆，易于辨认，或者即刻有用；

5) 一个转喻模型就是在一个概念结构中 A 和 B 发生联系的模型；它们的关系可由 B 到 A 的函数来描写。

当一个带有上述特征的规约性转喻模型作为概念系统的一部分存在时，

① 理想认知模型(ICM)：一种表征世界知识的概念结构。根据 Lakoff(1987)，每一个 ICM 都是一个复杂的结构整体，一个完形。ICM 有四种构成类型：命题 ICM，意象－图式 ICM，隐喻 ICM 和转喻 ICM。

可以用B转喻地替代A。转喻模型主要在推理中发挥重要作用。

从上文来看,虽然认知语言学家普遍承认转喻概念结构的性质,不过由于各自采用的研究方法不同,所下的操作定义也不同。

Croft(1993)将转喻界定为特定概念显影(profile)的某一方面在该概念之下整个认知域矩阵(domain matrix)中的某个认知域中发生凸显(domain highlighting)而引起的指称转换(shift of reference)。譬如,在"**Proust** is tough to read"中,Proust构成了一个较大的认知域矩阵,其下有一个创新活动的认知域,该认知域包含了突显程度很高的概念"Proust's novel",这样Proust一使用就引起了从作家到小说的指称转换。

Lakoff,Johnson,Turner等还从映射(mapping)性质角度界定了转喻:转喻是同一认知域内的一次概念映射,在此认知域内一个实体替代另一实体或者整个认知域(Ruiz de Mendoza Ibáñez, 1997)。他们声称转喻的主要功能是指称,并且不是随意发生的,而是形成规约系统,即一系列普通转喻的模式,如部分代全体(PART FOR WHOLE)、生产者代产品(PRODUCER FOR PRODUCT)、被使用的物品代使用者(OBJECT USED FOR USER)等。

但是,上述定义的缺陷是显而易见的。首先,指称隐喻也涉及一次映射,也具有指称的功能①。其次,这种界定还保留了修辞上的替代说,而转喻不仅仅是简单的替代。从转喻与隐喻的区别出发,Ruiz de Mendoza Ibáñez(1997:171)进一步提出转喻的定义:转喻是同一个认知域中一次对应(one-correspondence)的概念映射,其目标域是来源域的一部分或者来源域是目标域的一部分。其中,若目标域是来源域的一部分,则目标域不构成来源域的主要或核心次域。

Ruiz de MendozaIbáñez & Hernández(2001)从映射过程的类型、来源域与目标域的关系两个方面修正了转喻的定义:转喻是认知域内的一次概念映射,其中矩阵域(matrix domain)②既可为来源域,也可为目标域。他们区分了

① 例如,"John is a lion."就是包含一次映射的指称隐喻,在狮子的认知域中首先突显其勇敢的特征,再投射到John所在的认知域中的性格方面。

② 根据Ruiz de Mendoza Ibáñez & Hernández(2001),"矩阵域"就是来源域包含目标域或目标域包含来源域的两类转喻中主要的那个域,即较大的那个域。

两类转喻：来源域包含目标域的转喻(target-in-source metonymies)和目标域包含来源域的转喻(source-in-target metonymies)。譬如：

(13) The burglar broke the ground-floor **window**.

(14) **The ham sandwich** is waiting for his bill.

(13)、(14)分别是来源域包含目标域的转喻和目标域包含来源域的转喻，前者转指"the window pane"，后者指代"the customer who ordered the ham sandwich"。这两类转喻的本质区别在于前者涉及认知域的缩减(domain reduction)，后者涉及认知域的扩展(domain expansion)。在来源域包括目标域的转喻类型中，目标域是来源域的非核心特征，而在目标域包括来源域的转喻中，目标域是否构成核心特征并不重要。

Langacker(1999)认为，转喻是一类参照点(reference point)现象：为了接触到目标实体，需要调用另一个相对凸显的实体作为一个参照点，从而根据这两个实体的参照关系从心理上触及(mentally access)目标实体。换句话说，转喻是一个心理上可触及目标概念的认知触发点。

基于 Lakoff 和 Langacker 对转喻的定义，Kövecses & Radden(1998:39)提出一个引用率很高的定义："转喻是一个认知过程，在其认知域或理想认知模型中，一个概念实体—载体，提供触及另一个概念实体—目标的心理路径。"他们更进一步指出，转喻是有默认路径的，受到认知和交际原则的制约。

Paradis(2004)从认知语义学的视角对指称转喻重新进行了界定，将转喻视作基于本体(ontology)的识解(construal)过程，认为转喻化(metonymization)是使用一个词汇条目来激活一个常规上与其无关联的其他词汇条目的意义的过程。转喻化涉及意义层面的偶然性关系(contingent relation)，因此与广义转喻下的层面化(facetization)、区激活(zone activation)有区别，后两者是词汇条目与具体语境下解读意义的常规配对使用。

Kövecses & Radden 等人对转喻内部运作机制的看法可以用图 2-1 呈现。在图 2-1 中，椭圆的形状表示转喻映射发生在同一个理想认知模型

(ICM)内;来源意义和目标意义之间通过语言载体(linguistic vehicle)联系起来。来源意义和目标意义之间的实线箭头表示二者之间临时的联系/邻近性关系(contingent associative/contiguous relation)。转喻作为“认知触发点”看似抓住了转喻的认知机制,但是这样的描述似乎过于简单:转喻意义并不是自动跳入听话人的脑海,并且转喻与其他用法①还有区别。

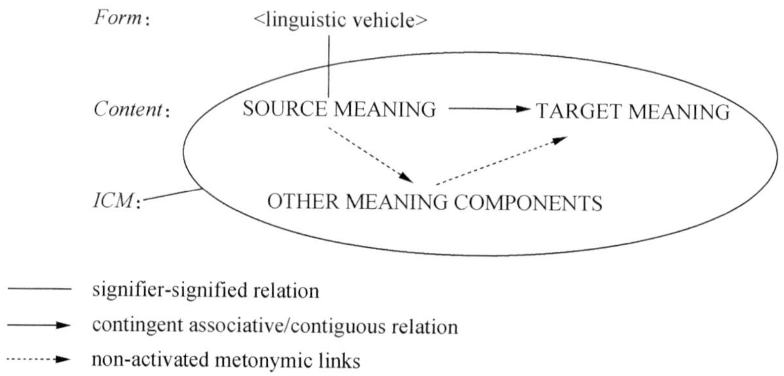

图 2-1 基本转喻关系(Panther & Thornburg,2005:96)

Panther & Thornburg(2007)也认为,Kövecses & Radden 的定义还不甚清晰,不能区别转喻和其他的用法,因此需要给予更准确的界定。他们糅入了一些语用因素。在他们看来,转喻至少应包括如下特征(Panther & Thornburg, 2003:7):

1) 概念转喻是认知操作,在同一个认知域中来源内容可及目标内容;

2) 来源和目标内容之间是偶然的联系(从概念上来说不是必然的),原则上可以取消;

3) 转喻的目标意义前景化(被凸显);来源意义背景化(backgrounded);

① 例如,“The loss of my wallet put me in a bad mood.”“The loss of my wallet”虽然从心理上可触发“non-possession of my wallet”,但二者之间却不构成转喻关系,因为它们从概念上来说是必然的概念联系,前者预设了后者。

4) 转喻的语用功能不仅体现在指称(reference)层面,还可以表现在谓项(predication)、命题(proposition)、言外(illocutionary)等层面;

5) 转喻的联结(metonymic link)有强弱之分,取决于来源和目标概念的概念距离;

6) 转喻是横跨语义—语用的概念现象。

Panther & Thornburg 对转喻的界定相对全面,对来源和目标概念的非必然性联系判断准确,并且提及了转喻也是一种语用现象,这充分体现了转喻界定中融入语用维度的趋势。

再如,Barcelona(2002:246)给出了转喻的图式定义:转喻是从一个认知域—来源域到另外一个认知域—目标域的映射。来源域和目标域都在同一个功能域中,通过语用函数联系在一起,以至目标域在心理上被激活。这里的"语用函数"是两个域之间的经验上的联系。Barcelona(2008)根据不同转喻类型的共性以及隐喻与转喻的区别,修正了上述定义:转喻是一个概念实体—来源实体到另外一个概念实体—目标实体的非对称映射。两个实体在同一框架内,通过语用函数联系在一起,目标实体从而得到心理激活。其中,"非对称映射"是相对于隐喻的对称的、系统的匹配而言的。"框架"等同于理想认知模型或"功能认知域"。"语用函数"意味着来源和目标实体的联系是同一个功能域中基于经验的联系。

值得肯定的是,Barcelona 等人的定义突出了来源—目标概念的语用联系,较以往定义相对全面。但是,认知语言学的转喻界定侧重于转喻的认知本质和内部运作机制,主要关注规约性转喻,对非规约性转喻几乎没有涉及,从而一定程度上忽视了转喻与外部语境的相互作用。

2.1.3 本研究中的界定与分类

与修辞学和认知语言学相比,语用学对转喻的界定将目标锁定为词汇层面的新颖的指称转喻。Papafragou(1996)认为新颖转喻是语言的解释性用法

(interpretive use of language[①])之一，对应于命名(naming)的情况，而非更直接的指称(referring)情况，在关联论下其认知、交际角色可以更好地得到解释。并且，转喻不是一个自然类别，而是一个连续体，既包括新颖的、一次用法(novel, one-off)，由一般语用惯例形成的规约转喻，还有完全进入词库的语义化转喻(semanticised metonymies)。

虽然语用学提出的"转喻连续体""新颖转喻"等概念具有理论价值，但是对转喻的界定偏重于新颖指称转喻的解释，一定程度上忽略了同属转喻连续体的规约性指称转喻。并且，完全摒弃转喻认知研究的做法相对忽视了转喻内部的认知运作机制。

因此，后来的认知语言学家、语用学家[②]大多数都认为应该从认知语用学的视角着手，即利用认知语言学和关联论的互补方面作为理论基础，探索交际中转喻的认知语用机制(Ruiz de Mendoza Ibáñez, 1997; Ruiz de Mendoza Ibáñez & Hernández, 2003; 张辉，蔡辉，2005; 陈新仁，2008; 江晓红，2009 等)。认知语用学对转喻的界定与分类就体现了这种思想。

例如，江晓红(2009:42)认为："词汇转喻是一个认知语用过程，在此过程中，倘若来源概念和目标概念的联系是偶然的，却可以根据具体的语境进行推理，那么编码了来源概念的词汇表达就可以从心理上触发目标临时概念(Metonymy is a cognitive pragmatic process in which a lexical expression with a source concept it encodes provides mental access to a target ad hoc concept which is intended by a communicator, provided that the association between the two concepts is contingent but inferable in a specific context)。"从江晓红的定义来看，她更加强调转喻是一个认知语用过程，其中的词汇转喻

① 根据关联论(Sperber & Wilson, 1986; Wilson & Sperber, 1988)，带有命题形式的某一表征，如某一话语，当它因为命题形式的相似性代表另外一个同样具有命题形式的表征时，该话语即被解释性地使用。

② Panther & Thornburg(2003)也对 Papafragou(1996)提出了批评。Papafragou 完全否定了转喻的认知语言学方法，认为转喻应纳入语用推理的普遍原则之下，没有给予转喻任何特殊的地位；而他们却认为理解转喻需要从长时记忆中激活转喻关系，语言使用者在话语解读中能很快通达、利用这些图式，研究的任务就是要寻找一个合理的转喻推理图式的有限集合。

实际就是指称转喻。

毛帅梅(2009)也从认知语用学视角提出了常规转喻—即时转喻连续体模式。该连续体一端是即时转喻,另一端是常规转喻,中间是从即时转喻到常规转喻的过渡性区域。她将常规转喻定义为在语言使用或认知心理上都具有较高规约程度的转喻表达,将即时转喻定义为言语使用者顺应当时语境所产生的临时性转喻表达,并将二者中间地带称为半规约化转喻。

由此可见,认知语用学对转喻的界定与分类更加突出了转喻规约程度的变化。根据上述学科对转喻的界定与分类,并基于指称转喻解读的研究目标,笔者在此提出本研究对指称转喻的操作定义:

指称转喻是一种以实施指称功能为目的、以本体与喻体之间存在的认知联系为支撑的转喻,从该联系的规约化程度角度看,指称转喻构成一个转喻连续体,即时性和规约性指称转喻分别位于该连续体的两端,中间是半规约化程度不等的过渡地带。即时性和规约性指称转喻的区别在于意义规约程度的高低,规约程度越低,其意义及其理解受语境影响越大。

规约性指称转喻是转喻意义高度规约化甚至进入词库的转喻类型,因其内部转喻关系相对稳定,对其理解基本不依赖语境。即时性指称转喻是转喻意义未约定俗成的转喻类型,是说话人在具体语境下根据交际需要创造的名词或名词短语,因其内部转喻关系相对灵活,其产生和理解高度依赖于语境。

这里的定义突出规约程度、语境等要素,是出于研究指称转喻解读的需要。本研究的研究目标之一是揭示不同类别指称转喻的理解过程,这个过程显然与转喻意义的规约化程度、语境等因素有关。

考虑到指称转喻解读的研究目标和研究方法,2.2 和 2.3 将分别对转喻研究的主要路径与趋势、指称转喻解读的核心问题等方面进行回顾。

2.2 转喻研究的主要路径与趋势

转喻吸引了多个学科研究者的关注,语言学下的修辞学、认知语言学、语用学,心理学下的实验心理学、发展心理学,神经科学下的神经解剖学,还有自然语言处理等交叉学科均对转喻进行了理论、实验或应用探索。鉴于各学科对转喻的密切关注和转喻研究的发展潜力，本节就转喻的理论研究、实验研究、应用研究进行系统梳理，旨在发现现有指称转喻研究中已取得的成果、融合性研究趋势和尚存的问题。

2.2.1　转喻的理论研究

转喻的研究最早兴起于修辞学领域。传统修辞学将转喻定位为一种辞格，研究对象主要是名词性转喻，关注其诗意的使用效果。

转喻的修辞学研究可以追溯到古希腊亚里士多德的时代。在那个时期，人们对诗学以及诗性语言很感兴趣，认为比喻性语言能够增加文体的魅力与特色(刘正光，2007)。这种研究传统一直持续到 20 世纪。汉语修辞学中，陈望道在其经典著作《修辞学发凡》中也专门探讨了汉语的“借代”，不但给出其定义和分类，而且指出使用借代必须要注意历史、文化场合。可见，汉语修辞学也把转喻看作一种特殊的修辞手段，关注其界定和分类。

传统修辞学研究视角下的转喻被看作偏离语言常规、具有修饰/文学效果的修辞方式，对其成功使用、理解需要训练(Papafragou，1996)。然而，该视角却无法解释转喻生成与理解的自然性与迅捷性。因此，转喻的中西修辞研究只看到了表面的“换名”现象，却没有深入挖掘转喻现象背后的认知语用机制。这种情况随着认知语言学的发展得到了改观。

1980 年，Lakoff & Johnson 的《我们赖以生存的隐喻》(*Metaphors We Live By*)一书开创了转喻研究的历史。认知语言学将转喻提升为一种认知机制，主要研究课题包括转喻的本质与内部运作机制、转喻的分类、转喻与推理、隐喻与转喻的关系、转喻与语法的相互作用等。

认知语言学对转喻的本质与内部运作机制进行了系统研究，他们认为转喻是理想认知模型(Lakoff，1987)、认知域凸显现象(Croft，1993)、同一认知域内的概念映射(Lakoff & Turner，1989)、参照点(Langacker，1993)、认知触发点(Kövecses & Radden，1998)等。

就转喻的分类来说，可以基于若干视角，包括符号本体视角、概念构造视角、域关系视角、概念整合视角、言语行为视角等(程琪龙,2010)。例如,按照同一理想认知模型中本体和喻体的概念构造关系,转喻又可分为两大类:整体与部分以及部分与部分的关系,这两大类下又可分为若干小类①(Kövecses & Radden,1998)。由于认知语言学探讨的是广义的转喻,对于转喻的分类没有统一的标准,种类繁多而显得比较复杂。

关于转喻与推理(参见 Panther & Thornburg,2003;张辉,蔡辉,2005),认知语言学家主张利用认知语言学与关联论的互补性来进行话语理解的研究,这说明在 2000 年初的认知语言学领域,转喻推理研究的学科融合趋势已经初步呈现。但是,转喻产生与理解方面的认知研究数量仍然偏少且不够深入。

值得肯定的是,转喻的认知研究呈现多样化的特点,贡献很大,发展相对成熟。但是,认知语言学针对的是广义的转喻研究,更为重视转喻内部的概念结构,相对忽视具体语境对转喻认知过程的制约作用。因此,认知语言学对不同规约化程度的转喻缺乏研究,而且一定程度上忽视了使用转喻可能带来的交际效果。并且,转喻认知研究的内省法和相对具有选择性的语料使得出的结论可能具有争议性(Brdar-Szabó & Brdar,2012)。

语用学对转喻的研究主要关注非规约性指称转喻的界定与理解。Papafragou(1996)最早运用关联论分析了新颖指称转喻的产生与理解机制。她认为新颖转喻是语言的解释性用法之一,对应于命名的情况:所指对象并不是该表达式的正常指示意义,而是涉及创新的指称确定。在她看来,一则关联原则足以解释新颖转喻的理解机制,听话人只要识别并从语用上解读出其解释性内容,即可获得转喻话语所传达的意思。

转喻的语用学研究弥补了转喻认知研究的一些不足,对非规约性指称转喻的生成与理解问题都进行了初步探索。不过,就研究对象来看,转喻的语用学研究主要关注了体现在语言层面的即时性指称转喻,而在一定程度上忽略了同属转喻连续体的规约性指称转喻。就具体的研究问题来说,语用学对转

① 根据 Kövecses & Radden(1998:49),整体与部分转喻关系下的小类分别是:1. 事物与其部分;2. 标量;3. 组织与其成分;4. 复杂事件;5. 范畴与其成员;6. 范畴与其特征。部分与部分转喻关系下的小类分别是:1. 动作;2. 感知;3. 因果;4. 生产;5. 控制;6. 领属;7. 容纳;8. 不明确关系;9. 符号和指涉。

喻解读的认知语用过程的分析还不够深入。就用于分析的理论框架而言，语用学对新颖转喻解读的研究只应用了关联论的基本思想，完全不承认转喻的认知研究对于转喻解读的分析也具有指导作用。就研究方法而言，语用学领域的转喻解读研究仍然主要采用了理论分析的方法。

2.2.2 转喻的实证研究

从上一节来看，转喻的理论研究主要采用了理论思辨法、内省法的单一研究方法。与之相比，转喻的实证研究则呈现了研究方法的多元化，例如眼动跟踪实验、功能性磁共振成像技术、语料库等研究方法。

转喻的实证研究包括转喻的实验研究和转喻的应用研究两方面。前者主要包括心理学领域转喻的实验研究，后者主要指计算机领域转喻的语料库标注和转喻处理的应用研究。

2.2.2.1 转喻的实验研究

转喻的实验研究以相关理论假设为驱动，旨在证实或证伪一些关于转喻理解的理论假设，例如转喻语义的加工模式、转喻能力的发展情况和转喻理解的大脑机制。转喻的实验研究主要在实验心理学、发展心理学、神经解剖学等学科中展开，研究对象主要是指称转喻①。

实验心理学、发展心理学对转喻的研究主要关注转喻的语义加工模式、有生理或心理缺陷②的群体发展转喻理解能力的情况等。例如，Frisson & Pickering (1999)在两个眼动跟踪实验中比较了地点代机构(place-for-institution)的转喻或者地点代事件(place-for-event)的转喻与字面意义为地点的词语加工时间的区别。研究发现，熟悉的转喻意义和字面意义在具体语境中同时可及，没有相应转喻解读的词语在转喻语境中处理时会遇到一些困难，产生直接或者稍许延后的

① 还有一些其他的研究用实验的方法研究了逻辑转喻的理解，详见 Gibbs & Colston(2012)。

② Melogno, Pinto, Levi (2012)考察了患孤独症的儿童对隐喻和转喻的理解。

困难。该实验支持字面意义和修辞意义同时激活的并行处理模式。

再如，Herwegen, Dimitriou, Rundblad(2013)通过理解包含新颖隐转喻(novel metaphor and metonymy)的短故事考察，对比了典型发育儿童与患威廉氏症群体(individuals with Williams syndrome)的心理年龄对新颖隐转喻理解能力的发展轨迹的影响。该研究是第一个调查健康儿童与患威廉氏症儿童对新颖隐转喻理解情况的研究，考察了生理年龄、语义知识与新颖隐转喻理解能力的关系。研究结果发现，患威廉氏症的个体对新颖转喻或隐喻的理解能力不会随着生理年龄的增加而有所发展，而健康儿童恰恰相反。对健康儿童而言，对不同类别新颖转喻的理解没有显著区别，而新颖提喻比事物代使用者(object-for-user)的新颖转喻要容易理解。另外，对语义知识的掌握程度可以预测健康儿童对新颖隐转喻的理解和患威廉氏症个体对新颖隐转喻的理解。总的来说，患威廉氏症群体对新颖转喻理解能力的发展受到推迟，而对新颖隐喻理解能力的发展不仅延后而且不典型，可能与语义知识以外的其他认知能力的发展有关。

转喻的神经解剖学研究主要考察大脑健康或者有缺陷人群理解名词性转喻的大脑运作机制。例如，Rapp et al(2011)使用功能性磁共振成像技术(functional magnetic resonance imaging, fMRI)探索了大脑对转喻的处理。

在 1.5 特斯拉的功能性磁共振成像扫描下，14 个健康的受试(包括 12 位女性)阅读了 124 个德语短句，包括字面组(如 Africa is arid)、转喻组(如 Africa is hungry)或者无意义组(指违反世界知识的情况，如 Africa is woollen)。所造的句子符合特定的语法、语义、可信度。并且，实验数据使用了多种转喻模式，包括多种转喻类别。受试默读句子，判断句子是否有意义并按钮。他们着重比较了转喻意义句子、字面意义句子、违反世界知识的句子在理解上的异同，结果发现阅读转喻时左侧额叶网络有显著变化，左中颞中回和左右侧额下回达到了最大值。左额下回的激活很可能反映了转喻处理中推理过程和心理提取世界知识的过程。

实验结果还显示，就反应时而言，转喻组长于无意义组，无意义组长于字面组。并且，经过 T 检验，转喻组与字面组、转喻组与无意义组、字面组与无意义组在反应时方面均无显著区别。就准确率而言，转喻组则显著低于字面组或无意义组。Rapp 等人的研究实际上相当于考察了半规约化程度的转喻在理解方面与字面组、无意义组的区别。该实验的不足之处在于没有考虑句法、语境等变量对转喻理解的影响。

用实验的方法开展转喻研究具有很大的创新价值,然而,一些实验设计考虑的变量还不够全面,例如没有考察触发转喻解读的语法、语义、语用等因素,未考虑多种转喻意义进行选择的情况,而这些因素很可能成为影响指称转喻理解的变量。

2.2.2.2 转喻的应用研究

转喻的应用研究主要指基于语料库的转喻分析和自然语言处理中的转喻处理,研究对象为名词性转喻。

目前,大多数转喻的理论研究缺乏对实际发生的转喻进行客观、全面的描写。转喻的语料库研究主要用真实语料来验证语言学关于转喻的理论假设,就转喻分布提供一个完整画面,或在此基础上致力于优化一个可以正确标注转喻的计算机系统。转喻的语料库研究数量较少,这是由于转喻的概念映射不能与特定的语言表达形式联系在一起而造成搜索困难(Stefanowitsch & Stefar,2006)。

Ädel(2014)用语料库的研究方法考察了"word"在言语交际语义场(认知域)中作为转喻的使用情况。该研究旨在验证转喻在交际语义场中(同隐喻相比)也非常重要的理论假设。Ädel 从 BNC 语料库提取有关"word"或"words"的 4000 多条语料,根据这些语料对"word"的使用模式、修辞与非修辞使用的分布情况进行了自下而上的分析,结果发现"word"的使用高度修辞化,其中 55%是转喻用法,24%是隐喻用法。研究结果还显示,虽然"word"是一个抽象名词,它的修辞语义甚至比之前普遍研究的身体部分名词(body part nouns)的修辞语义更加丰富。"word"的核心语义是作为语法单位的"word",但是它却频繁作为转喻,特别是作为其中的提喻,来表达各种范围的交际单位。转喻"word"也被发现甚至比"word"的基本意义(字面意义)的规约程度更高。总体来说,在言语交际的语义场,转喻可能比研究更多的隐喻更加重要,更值得注意。

Markert & Nissim(2006)对国名、公司名进行了转喻的语料库研究。他们在认知文献和字典中的转喻解读的基础上，收集了较全面的地名、组织名的转喻模式的集合，而后用 BNC 语料库中提取的含有国名和公司名的例子进行转喻模式的初步分析，对转喻模式的集合进行调整。在深入标注前，他们去除了三种情况的例子：不确定（根据语境不能理解）、不适用（目标专名构成更复杂专名的一部分）、同形异义（属于不同语义类）。他们的标注方案首先将语料标注为字面、转喻或混合解读。其中，混合解读指由两个谓项触发不同的语义。例如(15)：

(15) they arrive in **Nigeria**, hitherto a leading critic of …（混合解读）

(15)中，Nigeria 既指地名，又指当地的人，分别由谓项“arrive in”和“a leading critic”触发，因为同时启动了字面和转喻解读而称为混合解读。

在转喻解读下，再细分为不同的转喻模式或者非规约性转喻解读(othermet)。在两位研究者根据标注方案对几组语料库标注后，该研究还进行了可靠性度量(reliability measures)，结果发现标注类别的 K 值①都较高，标注结果基本一致。

Markert & Nissim(2003)发现，就国名的真实分布而言，字面解读高达 70%，非规约性转喻解读也出乎意料地达到了 0.9%，但欠明确解读的情况也非常多；就文本类型而言，不同的文本中转喻的分布没有显著区别；在 BNC 语料库中，容易的文本中的转喻使用相对少于难度高的文本。Markert & Nissim(2006)的实验结果发现了文献中没有的转喻类别——混合解读；一些文献中提到的转喻模式实际上比较少，如地名代事件；另外，随机抽样更接近于转喻的真实分布。

转喻的语料库研究的不足在于：

① K 值(kappa statistics)测量不同标注者对范畴判断的一致性程度，对可能的偶然一致性做校正。

1）在对语料进行标注时，具体的转喻模式难以确认；

2）实际语料中隐喻谓项频繁使用，但其复杂性在标注方案中却没有考虑；

3）在标注中不能确定的转喻情况一概标为其他转喻，包括转喻链，这样的做法太过笼统。

除了转喻的语料库研究，自然语言处理也十分关注转喻这类现象。“转喻处理”(metonymy resolution)由 K. Markert & M. Nissim 首创，旨在解决英语命名实体的转喻处理，更准确来说，是解决地名和组织机构名的转喻识别(Brun et al,2009)。

转喻处理是目前自然语言处理关注的热点之一，自早期 Fass(1991)的经典研究以来，相关研究不断涌现，具有代表性的有 Markert & Hahn(2002)、Markert & Nissim(2009)和 Brun et al(2009)。

Fass(1991)在建立 met＊ method 模型时，主要考虑了语义选择限制的违反，区别了英文短句中转喻、隐喻、字面、无意义四种情况。实施了 met＊ method 的 Meta5 虽说是第一个区别转喻与隐喻的系统，却基于字面意义优先假设，因而提供的处理顺序存在很大问题。

Markert & Hahn(2002)提出了一种新的基于特定知识库概念表征结构的转喻处理计算模型。他们将字面语言与转喻语言同等看待，考虑了前指与转喻的交互性，认为将话语嵌入一个连贯的语篇语境与句内语义选择限制一样重要。

Brun et al(2009)的研究旨在完善命名实体转喻处理的标注系统。Markert & Nissim(2009)比较了参与 SemEval-2007 竞赛的转喻处理共享任务中五个计算机系统的表现，它们利用转喻的各种语法、句法特征进行自动识别，准确率有高有低。

转喻处理主要采用基于知识库的方法或数据方法。人为建立的知识库中识别转喻的标准往往不够全面，也不针对特定的语言。基于数据方法的转喻处理则面临着使用的语料库规模小，目标词语、短语的出现频率低，可能收集不到有用的语料等问题，进而导致不正确的判断。

从上面的回顾可见，转喻的语料库研究还处于起步阶段，转喻处理也在不断完善之中。无论是基于语料库的转喻研究还是基于知识或统计方法的转喻处理，它们的发展都依赖于转喻理论研究的加强。因此，笔者认为，转喻的应用研究可从认知语用学视角下的指称转喻理解研究中获益。

2.2.3 转喻研究的学科融合趋势

从上文的回顾来看，转喻的单一学科研究还存在一些局限，这些局限或许可以通过不同学科之间的融合、不同方法之间的融合加以解决。

近十几年来，转喻研究呈现出修辞学、认知语言学、语用学等学科融合的趋势，主要反映在转喻的界定与分类研究、转喻理解机制的认知语用学研究、转喻使用的修辞效果研究等方面。

以转喻理解机制的研究为例。观察文献可以发现，在2000年后，关联论与认知语言学在语用推理上的互补性越来越受到认可。

Panther & Thornburg(2003)在文集《转喻和语用推理》中专门探讨了转喻与语用推理的关系，认为“无论是语用学还是认知语言学，都不能单独构成一门研究理论问题的学科”，主张结合认知、语用来研究转喻的推理。值得一提的是，在该书的“认知操作与语用隐含”一文中，Ruiz de Mendoza Ibáñez & Hernández(2003)也尝试将关联论的语用隐含与认知语言学的转喻、隐喻研究联系起来，认为关联论要做的只是使听话人认识到建立隐喻/转喻联系的必要性，至于如何建立这些联系、发现其交际效果则取决于我们进行认知操作的能力(使句子在语境中有关联)。具体来说，他们认为隐喻映射、涉及的认知域制约了显义的种类和数量，产生显义的候选项；而关联论则决定在具体语境下激活哪一个显义。

然而，认知语言学家在谈到认知语言学与语用学在转喻推理研究中的互补性时，还主要停留在理论层面，也没有细化研究对象。

在认知语用学框架下，出现了少数针对新颖指称转喻的推理研究。江晓红(2011)从认知语用学视角研究了词汇层面的非规约性指称转喻，探讨了转喻识别的限制条件、转喻理解的启发式原则和转喻理解获得的语用效果。根据认知语义学的联想模式和关联理论的推理模式，她提出了转喻识别的联想推理模式:当话语理解涉及在特定语境下寻找和辨认词语转喻的交际信息时,交际双方互为显映的认知语境是成功识别转喻的前提,听话人以联想认知为基础形成语境假设,确立转喻关系,并经由转喻推理构建转喻在话语理解中的交际意义,以满足所在话语信息的最佳关联期待(江晓红,何自然,2010:414)。

就转喻的推理过程而言,江晓红的联想推理模式虽结合了关联论和认知语义学来解释转喻话语的理解机制,但是具体的解读过程没有联系制约转喻解读的句法、语义、认知、语用制约因素进行描述,不能很好地解释听话人如何从认知语境的一系列相关假设中选择合适的解读候选项。因此,转喻推理的认知语用研究在理论探索上还有待进一步深入。

再以近年来转喻的修辞学研究为例。经过二十多年对转喻的认知机制和语用机理的研究,研究者开始从认知和语用的视角重新审视转喻的修辞性。

例如,王军、唐毅(2011:22－26)从认知的视角探讨了名词性转喻的修辞功能,认为通过转喻表达语的使用,转喻源域与目标域同时被感知往往具有一箭双雕的效果。其中最让人体会到修辞效力的是凸显目标域而非源域的转喻类别,因其形式与内容的显著冲突在修辞上更具表现力。

又如,陈新仁(2008)从认知语用学视域研究了转喻指称的修辞性,认为不是所有的转喻指称都具有修辞性。他区分了两类转喻:作为指称类别的转喻和作为特定指称选择的转喻。前者的使用受到交际效率制约,而不具备修辞性;后者在说话人可选择的情况下发生,往往带有修辞性。他还指出,转喻修辞效力的高低是动态变化的,与话语处理的频率有关。

转喻修辞研究的重新转向顺应了认知语言学和语用学的融合趋势。现有研究说明认知语言学和语用学与传统修辞学在转喻研究上存在互补性,可以为其他传统辞格的研究提供启示。

转喻研究的融合趋势不仅体现在不同学科之间,也反映在研究方法上,虽然后者的研究数量还远远不够。少数研究结合了内省法与语料库研究方法,例如,Paradis(2004)利用 ICE-GB① 的小型语料库考察了英语形容词一名词组合中名词基于本体(本体内容和构型)的解读模式,发现了转喻化、层面化与区

① ICE-GB is the British component of the International Corpus of English(ICE).

激活三种不同的解读模式,并主要通过理论分析进行了区分。

通过上文对转喻研究融合趋势的回顾,我们发现相邻学科之间的融合对于转喻研究的发展是大有裨益的。然而,我们还是应当认识到现有融合研究的数量、深度还远远不够。从数量上来说,具有代表性的认知语用学视角下的转喻研究的成果相对较少。从深度来说,转喻的认知语用过程十分复杂,现有针对转喻的理解机制的研究还不够深入,并且局限于理论分析。

针对这些不足,笔者认为:

第一,转喻研究可以继续加强学科融合,不仅要融入认知语言学、语用学的理论分析,还可以借鉴自然语言处理、实验心理学等学科的研究方法,利用各学科、各研究方法的互补之处产生更多的创新成果。

第二,顺应认知和语用的融合趋势,根据认知语言学和语用学在转喻研究上的互补性,继续广泛而深入地探索一些问题,如转喻的理解问题。对于转喻的理解机制的研究,可细化研究类型,改进纯理论的研究方法,融入实验设计。就具体的研究对象来说,可根据认知语用学对转喻的界定与分类开展词汇层面整个指称转喻连续体的认知语用研究。从具体的研究问题来说,在探索转喻的理解机制的问题时,要联系转喻的各种认知语用制约条件来进行分析,探索转喻理解的认知语用过程、转喻语义的加工顺序等问题,使我们离思维黑洞更近一步。

2.3 指称转喻解读的核心问题

上一节主要对转喻的理论、实验和其他路径的研究进行了评述,反思了转喻单一学科研究的不足,指出转喻研究融合的必要性和融合的方向。本研究即是在转喻研究学科融合方面做的一个尝试。为此,本节就指称转喻解读的三个关键问题进行梳理:指称转喻解读的制约因素、指称转喻解读的认知语用过程、转喻语义的加工模式与其影响因素。通过对这三个问题的思考与述评,可为本研究提供理论基础和实验思路。

2.3.1 指称转喻解读的制约因素

现有文献中,Croft(1993)、Markert & Hahn(2002)和江晓红(2009)从不同视角谈及了制约指称转喻解读的因素。

Croft(1993)认为认知域①在解读隐喻与转喻的过程中发挥重要作用,提出了认知域的概念统一(conceptual unity of domain):一个句法单位的所有成分必须在同一个认知域里解读。简单来说,句子的整体意义在某种程度上决定其成分的意义。他指出,隐喻和转喻解读的主要工作就是调整句子成分的认知域来满足认知域的概念统一。

为了详细解释转喻的触发和理解,Croft 引用了 Langacker(1987)提出的语义结构的两个术语——autonomy(自主部分)和 dependence(依存部分)来解释认识域的凸显。在一个语义结构中,依存部分取决于自主部分,或者说自主部分是对依存部分下的一个突出的附属结构(a salient substructure)的详细描述(elaboration),两者都是相对的概念。Croft 认为认知域的凸显发生在自主谓词(autonomous predications)上,由与其相对的依存谓词(dependent predications)触发。例如:

(16) **Proust** is tough to read.

在(16)中,"Proust"是自主谓词,而"is tough to read"是依存谓词,后者需要一个阅读内容来详细描述,而"Proust"发生的指称转移"Proust's novel"刚好符合这个要求。

在转喻的解读中,认知域的概念统一的辖域(scope)即是自主部分和依赖于它的依存部分,因此最重要的就是寻求依存部分和自主部分的认知域的匹配。然而,Croft(1993)最后指出,听话人在努力做到认知域的概念统一时,需要诉诸具体的语境。

① 根据 Croft(1993:272),认知域是一个语义结构,为至少一个概念显影(concept profile,往往有很多显影)充当基底(base)。

综上，Croft 认为转喻解读的关键因素是语义的统一，并且暗示语境最终决定转喻的认知域，虽然他并未对后者展开论述。从这里可以看出，虽然 Croft 始终强调转喻解读中语义统一的重要性，但在看他来，是语境最终制约了转喻语义的解读。

Markert & Hahn(2002)讨论了触发转喻解读的条件，并就转喻的理解提出了计算模型。一直以来，转喻总是被认为违反了语义限制，对其进行合适的解读需要进行一些语义修正。Markert & Hahn 批判了这种观点，认为转喻解读不一定违反语义限制。例如：

(17) A：[…] First of all，anybody like **Johnson**，better than **Shakespeare**?

B：I do.

A：You do. Why?

B：Just cos erm，I don't really like **Shakespeare**.

(17)中，“Johnson”和“Shakespeare”都没有违反“like”的语义限制，却都作为转喻解读，分别指“the work of Johnson”和“the work of Shakespeare”。

Markert & Hahn 将字面意义与转喻意义平等看待，认为两种意义都必须符合具体语篇语境下特定语域内的知识表征结构。他们对如何选择转喻解读提供了一些普遍的启发性原则：符合指称衔接关系(referential cohesion)的转喻或字面解读优先于不符合的情况；符合转喻图式(metonymic schema)的转喻解读优先于不符合的情况；符合基于知识的合适性条件的转喻解读优先于不符合的情况。他们认为将话语嵌入连贯的语篇语境对于转喻的识别与解读十分重要，其重要性不低于句中语义限制。

目前，解决转喻的计算方案(computational scheme)的通行做法是一旦碰到选择限制①的违反，立刻触发转喻解读；在其他情况下，默认的做法是优先进

① 选择限制(selection restriction)：指谓项(predicate)，尤其是动词对论元(argument)的语义限制。选择限制的违反(SRVs)就是违反了谓项对论元(主语或宾语)的语义限制。

行字面解读。然而，Markert & Hahn 认为选择限制的违反是触发转喻解读既不充分也不必要的条件。有时，即使发生了选择限制被违反的情况，也可能引起其他非转喻解读。例如：

（18）"Upstairs Henry […] pulled his pyjamas on. His purple horrors, were neatly laid out on a chair again […], but the tight buttonless shirt had been replaced by a new one. […]His mother was infuriating but she cared about him, deep down. All the time he'd been going on about the buttons popping off, **this shirt** had been up here, waiting for him."

(18)中"this shirt"虽然违反了"wait"的选择限制，但依然是作字面解读，而"wait"则需要做隐喻理解。

在过去的研究中，几乎所有转喻的计算处理都只关注句中分析(intrasentential analysis)，针对这种情况，Markert & Hahn 提出在语篇中嵌入转喻(discourse embedding of metonymies)的处理方法。只要语篇衔接(textual cohesion)即可的解读方法显然会引起话语解读的歧义。为了解决这个问题，他们提出了一些普遍的启发性原则，这样就可以对不同的解读进行排序。Markert & Hahn 认为转喻的处理要涵盖以下几点内容：第一，虽然任意两个实体间的关系都可能引起转喻，转喻关系总是与世界知识保持一致，如 I read X 中如果 X 是动物，则必须放弃 I read the works of X 的解读。第二，一些转喻关系总是更加频繁、系统地出现。这样的转喻关系引起转喻图式，如作者代文献的图式(author-for-document schema)。使用这些图式可以限制解读、消除歧义，即优先那些规约化的解读。第三，要满足转喻解读的合适性，即两个实体关系的典型性。如部分—整体转喻中，一个实体的重要部分比相对次要的部分更可能代表整个实体。第四，有些转喻话语在形态句法(morphosyntax)层面上是有标记的，如 I parked the BMW outside 中定冠词"the"的使用，但是这些特点随特定语言发生变化。第五，语言个别性特征(language idiosyncrasies)对解读的优选和可能性构成影响，如图式就带有一定的语言特征。

Markert & Hahn 特别强调，以上五点没有一个可以单独解释转喻的使用，因为它们互相限制，比如特殊的非规约性解读在合适的语境下也是可能的，再如特定语言的特征可能影响一些限制条件的交互作用。考虑到这些情况，他们认为转喻解读的处理模型要包括五个限制条件：世界知识、句中语义限制、语篇嵌入、图式化和合适条件，尤其强调前三者。同时，他们还指出这样的模型没有考虑语言的差别，因此对于特定语言的转喻处理，还需要补充一些语言相关的标准。

Markert & Hahn 虽然提出了转喻解读的一些限制条件并指出了它们的交互性，但是在具体的转喻解读处理中并没有展示这几个限制条件如何交互作用。并且，这些限制条件还不够简明概括，它们可进一步总结为语言内限制条件（如形态、语义条件）和语言外限制条件（如认知、语用条件）。

江晓红（2009）讨论了词汇层面新颖指称转喻识别[1]的制约因素，涉及句法、语义、认知、语用方面。

从语言层面上看，句法限制（句法偏离）是数量、代词、搭配上的偏离（参见 Nunberg，1978）。前两种情况分别见（19）和（20）：

（19）[2]**The hash browns at table nine** is/ * are getting angry.

（20）**The hash browns at table nine** said **he**/ * they can't find the men's room.

然而，这种偏离仅仅是表面上的，从转移后的指称（transferred reference）来看，实际上并没有违反主谓数量一致、代词一致。（19）和（20）中，"the hash browns at table nine"指的是点了"hash browns"的九号桌顾客，而不是食物本身，所以两句中谓语、从句中的代词实际与顾客的数量、性别保持一致。

---

① 江晓红没有区别识别和解读，在她的研究中二者可以换用，因为 Al-Sharafi（2004）认为没必要区分识别和解读，二者可同时进行。

② （19）—（44）的例句均摘自江晓红（2009）。

拿搭配来说，譬如“a Ford”“a Boeing”，将不定冠词与专名放在一起违反了语言使用常规，从而触发了转喻解读——福特公司和波音公司的产品。多数修辞用法一定程度上具有形式与意义的特定组合模式，字面与非字面用法的周围词类也有显著区别。然而，句法限制主要是对规约性指称转喻的归纳，这些语法上的偏离可能不具备语言的普遍性(江晓红，2009)。

语义限制(对选择限制的违反)是对修辞的传统看法。转喻从表面上来看，其语义是“不合法”的，转喻识别的语义线索即是对选择限制的违反(参见Fass，1991)。选择限制确定了有意义的词位(lexeme)组合(参见Lyon，1995)。一旦违反选择限制，听话人立刻察觉这种语义冲突(semantic clash)，继而作非字面解读。例如：

(21) Denise drank the **bottle**.

(22) The **kettle** is boiling.

(21)、(22)两句中，动词“drank”“boiling”本应和液体组合在一起，所以对“bottle”“kettle”的使用违反了两个动词的选择限制，应作转喻解读。在汉语中，也存在类似的“转喻宾语”，其语义限制也同样存在，例如：

(23) 谁在偷听**曼联更衣室**?

(23)中，“偷听”和“更衣室”的组合显然违反了“偷听”的选择限制，触发了转喻解读，应被理解为偷听曼联更衣室的对话。

然而，江晓红还指出，对语义的违反还不足以识别转喻，例如：

(24) 我喜欢**大胡子**。

如(24)中，“大胡子”即可理解为字面意义(大胡子)，又可理解为转喻意义(某个人)，因此需要其他的识别标准来确定具体的意义。

认知限制的意思是转喻参照点(即来源概念)①的选择基于一定的认知标准。江晓红采用了 Radden & Kövesces(1999)提出的来源概念选择的三个认知原则:人类经验(human experience)、感知选择(perceptual selectivity)、文化偏好(cultural preference)。

人类的经验来自与世界的接触互动,因此人类在使用语言时,往往以自我为中心。人类经验原则分为五点次原则:

1) 人类的优先于非人类的(HUMAN OVER NON-HUMAN);

2) 主观的优先于客观的(SUBJECTIVE OVER OBJECTIVE);

3) 具体的优先于抽象的(CONCRETE OVER ABSTRACT);

4) 互动的优先于非互动的(INTERACTIONAL OVER NON-INTERACTIONAL);

5) 功能的优先于非功能的(FUNCTIONAL OVER NON-FUNCTIONAL)。例如:

(25) 你买齐白石还是**徐悲鸿**?

(26) 喝健康,喝**新鲜**。

(汇源果汁广告)

(27) **三碗**不过冈

(施耐庵,《水浒》)

(28) 写**毛笔**

(29) 老麦为了避开这些**四个轮子**,把自己的**两个轮子**随手一拐,进了一条小马路。

(林斤澜,《头像》)

(25)中,"齐白石"和"徐悲鸿"分别指代"齐白石的画"和"徐悲鸿的画",用

① 转喻是一种参照的点现象,来源概念(source concept)不是随意选择的,而是基于特定的认知原则和交际原则的(Kövecses & Radden,1998)。

有生命力的人类代替无生命力的作品。(26)中,"新鲜"指代"新鲜的果汁",是用主观的印象替代客观的事物。(27)中,用具体的"碗"指代抽象的"酒"。(28)中,"毛笔"指代"毛笔字",借用可互动的文具代替不可互动的字。(29)中,"四个轮子"和"两个轮子"分别指"汽车"和"自行车",这是用它们凸显的功能性部分替代整体。

感知选择与感知上的凸显度有关,人类感知器官倾向于选择最接近的、主要的、具有完形的事物。感知选择分为三个次原则:

1) 主要的优先于非主要的(DOMINANT OVER LESS DOMINANT);

2) 好的完形优先于差的完形(GOOD GESTALT OVER POOR GESTALT);

3) 最接近的优先于非最接近的(IMMEDIATE OVER NON-IMMEDIATE)。例如:

(30) Tony Blair is the Prime Minister of **England**.

(31) He looked at his **wrist** and said "I'd better go back to work."

(32) I'll answer the **phone**.

(30)中"England"指代由英格兰、苏格兰、威尔士和北爱尔兰组成的联合王国"U. K.",这里是用主要的部分替代含非主要部分的整体。(31)中用"wrist"指代"watch",是用好的完形代替差的完形。(32)中用"phone"指代"the caller",是用最接近的事物替代非最接近的人。

文化偏好指信念、价值观、传统、行为、手工艺品等社群文化信念系统决定了人们如何选择转喻的来源概念。例如:

(33) 这大艺术喷射出的大美,曾倾倒过几多王朝,也曾风靡过**朱门**绣户,蓬庐茅舍。

(李存葆,《飘逝的绝唱》)

(34) 我这个须眉男子,自愧不如这个"**娥眉**"。

(北大语料库)

(33)中用特定的颜色“朱红色”转指富贵人家。(34)中用中国古代典籍《诗经》《楚辞》中的“娥眉”来指代传统的中国女性。

一方面,有些转喻话语常有几个认知原则作为转喻基础,例如:

(35)我买了三毛,她买了**张爱玲**。

(35)中“三毛”“张爱玲”分别指代“三毛的作品”“张爱玲的作品”,这两个转喻用法体现了人类的优先于非人类的、具体的优先于抽象的、好的完形优先于差的完形等认知原则。

另一方面,同一转喻下的认知原则也会相互冲突,例如“I'll answer the **phone.**”中,用“phone”指代“caller”,这里最接近的优先于非最接近的与人类的优先于非人类的原则发生冲突。江晓红认为,这恰恰说明认知原则不能充分解释转喻的使用机制,还需考虑交际因素对认知因素和转喻使用施加的影响。

语用认知限制主要指语境对转喻的制约影响。江晓红认为,认知语义学虽然正确揭示了规约性转喻中人类经验、认知原则作用的共性,却低估了转喻解读中语境因素的影响。关联论强调语境的动态性,认为语境是一系列心理建构的假设的集合。Mastui(2000:30)认为,语境假设主要有三个来源:1) 来自对先前(或者后续)话语的解读;2) 来自百科记忆;3) 来自话语发生的物质环境。例如:

(36) 当时上海已经是银元的天下,银元有袁世凯像和孙中山像之分,叫“袁大头”“孙小头”,民间自动变成了银本位,金圆券没人要了。市面上的情形是“**大头小头**,叮叮当当”。

(37) 她把两条长长的匀称的脚迅速地伸进毛毯中去,把两根乌黑发亮的长辫往肩后一甩……一年一次?**长辫子**很有把握地问。

(38) **The pearl** has appeared at last.

(36)中,“大头”“小头”分别指上文提出的、语境中已经激活的“袁大头”

“孙小头”的银元。(37)中“长辫子”根据百科知识指代某位姑娘。(38)中的“the pearl”则可能指代说话人在机场等待的某位姑娘,佩戴珍珠项链是她的明显特征。

互为显明的语境在话语交际中十分重要,也同样影响转喻解读。人们不仅有意识地拥有某些知识,并且还可以根据语境推断出其他知识。如果在转喻解读中称一些假设互为显明,意思就是听话人可能持有说话人设想的那些假设,从而推断出说话人意欲表达的信息。例如:

(39) 母亲其时住院开刀,我们3个小孩子,常常被半夜里闯进来的大半屋子的**红袖章**们吓得蜷缩在一隅,头上飞啸着雷电一般的厉叱。

(39)中,说话人相信听话人可以激活“红袖章”代表“红卫兵”的语境假设,与他共享这些互为显明的假设,进一步推理从而得出话语意义。

总的来说,江晓红只是提到语用限制条件(语境)在决定转喻意义方面的重要性高于各种语言限制和认知限制,却没有详细阐述几种限制条件究竟如何一起制约转喻解读的过程,而是用孤立的、脱离语境的例子一一说明单独的限制条件。并且,该研究中,指称转喻识别的认知限制主要指如何选择规约性转喻的认知参照点,这个定义有待商榷。

2.3.2 指称转喻解读的认知语用过程

在现有文献中,仅有江晓红(2009)对指称转喻解读的认知语用过程进行了详尽的研究。

江晓红(2009)认为转喻解读是交际者根据一定的语境构建临时概念(ad hoc concept construction①)的过程,其解读依据基于认知语义学和关联论构建的联想认知模式。

① 根据Barsalou(1983),临时概念不是一个词语的编码意义,而是通过语用推理在具体语境中构建的该词语的临时意义。

词汇语用学(Wilson,2004;Carston,2002)认为,人们在理解话语时,可以根据编码概念构建临时概念,主要通过以下两种方式:对词汇编码概念的收缩(narrowing)和扩充(broadening)。如(40)和(41):

(40) 买**房子**/粉刷**房子**/装修**房子**

(41) 她刚上班第一个月就领了工资 **5000** 元。

(42) **The Sax** has the flu today.

(40)通过“房子”概念的收缩构建临时概念“房子 * ”,分别指整个房子、房子的墙面、房子的室内部分。(41)则通过“5000 元”概念的扩充构建临时概念“5000 元 * ”,表示“大约 5000 元”。然而,收缩和扩充的临时概念的构建都不能解释词汇转喻中发生的指称转移,如解释(42)中指称如何从“the Sax”转变为“the saxophone player”。

根据词汇语用学,听话人根据编码概念构建临时概念进行语用推理,临时概念与编码概念在逻辑和百科信息方面构成一种相似的关系(resemblance),但是这种相似性却不能解释转喻的临时概念构建。认知语言学(Panther & Thornburg,2003)认为,转喻中话语的命题形式与说话人意义构成一种邻近性的关系。因此,江晓红认为应该探索邻近性在临时概念构建中的作用。

根据前人的研究,转喻解读的难点在于识别转喻现象下的某种替代关系。例如,在(42)中,听话人可辨别出 OBJECT FOR USER 的转喻关系,该转喻关系引导了推理的过程。Lakoff 等人曾用理想认知模型的理论解释转喻关系,认为转喻关系归根结底是一种百科知识关系。根据 Kövecses & Radden (1998),转喻关系可分为两大认知类别:(1)整体 ICM 与其部分;(2)ICM 的部分与部分。以(43)为例:

(43) Spielberg bought the **novel** for \$ 1 million.

(43)中,听话人拥有“novel”的知识结构,其中有一部分是关于版权条例的。这里就是用"novel"的整体代其部分"novel's copyright",听话人可根据语境激活这种整体—部分的联系。因此,江晓红指出,理解新颖转喻的关键在于识别特定的转喻关系,且非规约性指称转喻比规约性指称转喻需要更多的语境知识。

根据关联论的推理模式和认知语义学的联想模式,江晓红提出了转喻理解的联想推理模式(图 2-2)。

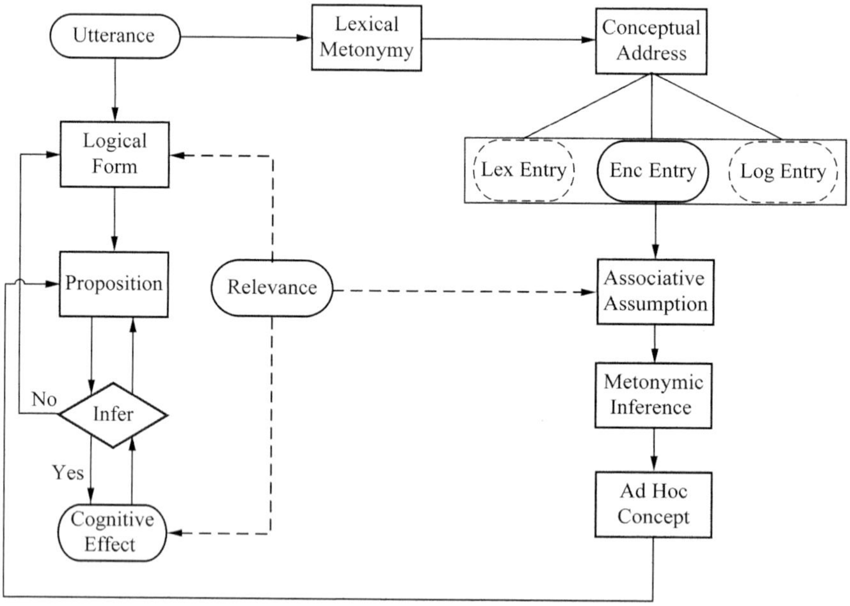

图 2-2　转喻理解的联想推理模式(江晓红,2009:123)

在关联原则的制约下,听话人以联想认知为基础形成语境假设,确立转喻关系,并经由转喻推理构建转喻在话语理解中的交际意义(江晓红,2009:4)。

在图 2-2 中,实线表示理解话语的心理过程,虚线表示关联产生的制约。图左半边表示话语推理的过程。就听话人而言,每一句明示话语都会产生对最佳关联的期待和启动关联的理解程序。为了获取说话人传达的交际意义,听话人需要对逻辑式(logical form)进行语用充实而得到显义[命题(proposition)],再结合具体语境假设推理出隐义[认知效果(cognitive effect)]。在此过程中,听话人根据具体语境构建语境假设对逻辑式进行语用充实，将其充实为命题，再通过语用推理产生认知效果，达到最佳关联。在显义和隐义之间存在着互相调整的关系，在图中用命题和认知效果之间的双向箭头表示。该双向箭头的意思是听话人凭借与某概念项百科条目相联系的高可及的语境假设进行推理得到隐义，且与隐义相关的高可及的语境假设也可反过来充实显义。如果推理获得的认知效果足够，交际就获得成功。如果认知效果不够，听话人就需要重新回到逻辑式，进一步充实，一步步推理直到满足充足的认知效果。

图 2-2 右半边则表示协助显义充实的词汇语用过程，即临时概念的构建过程。从编码概念开始，每一概念项下都有三个条目：词汇条目（Lex Entry）、百科条目（Enc Entry）、逻辑条目（Log Entry），在转喻的指称转换过程中，真正起作用的只有百科条目。听话人受关联原则的驱使，从某概念的百科条目中提取高可及的一部分构建联想假设（associative assumption），将编码概念与意欲表达的概念联系在一起，通过转喻推理（转喻关系）来构建临时概念。值得注意的是，转喻关系不是预先存储的，而是从临时构建的联想假设中实时构建的。临时概念又用于充实命题（图 2-2 下方的长箭头），充实后的命题继而进入推理，最终获得足够的认知效果。下面用一个例子来说明转喻理解的联想推理模式：

(44) A：Will you go to concert tonight?

B：The **saxophone** has caught a bad cold.

在(44)中，B 的话自然是对 A 的回答。为此，听话人需要构建一个合适的语境，通过消歧、指称确定、调整概念等步骤逐步获得显义。从编码概念 SAXOPHONE 出发，需要构建一个与其高度相关的临时概念。在此语境下，最可及的转喻关系是 OBJECT USED FOR USER，这样的关系可用联想假设来表达："A saxophone is usually played by a saxophone player in a concert"。该联想假设受关联原则的驱使产生，也受制于关联原则。根据转喻推理，编码概念 SAXOPHONE 指示临时概念 SAXOPHONE * (a person who plays saxophone)。然后，该话语的命题被重新表征为 The SAXOPHONE * has caught a bad cold。临时概念 SAXOPHONE * 很容易从心理上触发一些语境假设:这个萨克斯手(saxophone player)演奏得很好;B 是该萨克斯手的粉丝等。这些语境假设与命题交互作用,产生一系列隐义和认知效果:B 很遗憾这个萨克斯手患了感冒;他们不能享受美妙的音乐等。并且,这些语用过程不是按顺序而是同时运作的,始终受关联原则的制约。

江晓红提出的转喻解读的联想推理模式运用关联论和认知语义学的互补之处来解释转喻话语的理解机制,但是具体的解读过程还有一些不足:

其一,显义、语境假设、隐义的获得应该是并行的关系,而在流程图里展示的似乎是一种先后顺序。

其二,联想推理模式的流程图中没有将制约转喻解读的语言内、语言外因素包括进去。

其三,联想假设的构建仅受百科信息激活和关联原则的制约的说法太过笼统,不能很好地解释听话人如何从一系列相关假设中选择合适的选项。

2.3.3 字面解读与非字面解读的优先顺序问题

在修辞语言加工的研究中,字面解读与非字面解读的优先顺序历来都有争议。有关修辞语义加工模式的研究中,主要有四种关于解读顺序的假设:字面意义优先假设(Literal-First Model)(Bobrow & Bell,1979)、修辞意义优先假设(Figurative-First Model)(Gibbs,1984)、并行假设(Parallel Model)(Swinney & Cutler,1979)和层级突显假设(Graded Salience Hypothesis)(Giora, 1997)。

在研究隐喻与转喻处理的计算方法时,很多研究基于字面意义优先假设(Fass,1991)。"字面意义优先假设"认为人们总是首先获得字面解读。当字面解读不合语境时,消去字面解读而获取修辞解读。在 20 世纪 70 年代到 90 年代前的研究中,该假设是一种普遍观点。例如,Fass(1991)在建立识别字面、转喻、隐喻、无意义四种语义关系的模型时,仍然根据字面意义优先假设提出了从字面到转喻到隐喻或无意义的顺序。他认为,上述四种语义关系的处理是有特定顺序的,而非并行的(图 2-3)。

在图2-3中，论元的语义一旦满足动词的偏好（语境限制）即进入字面解读；如果不能满足语境限制，则继续验证是否包括转喻推理，若包括则进入转喻解读；如果不包括转喻推理，则继续验证是否存在关联的类比，若存在则进入隐喻解读，否则进入无意义解读。

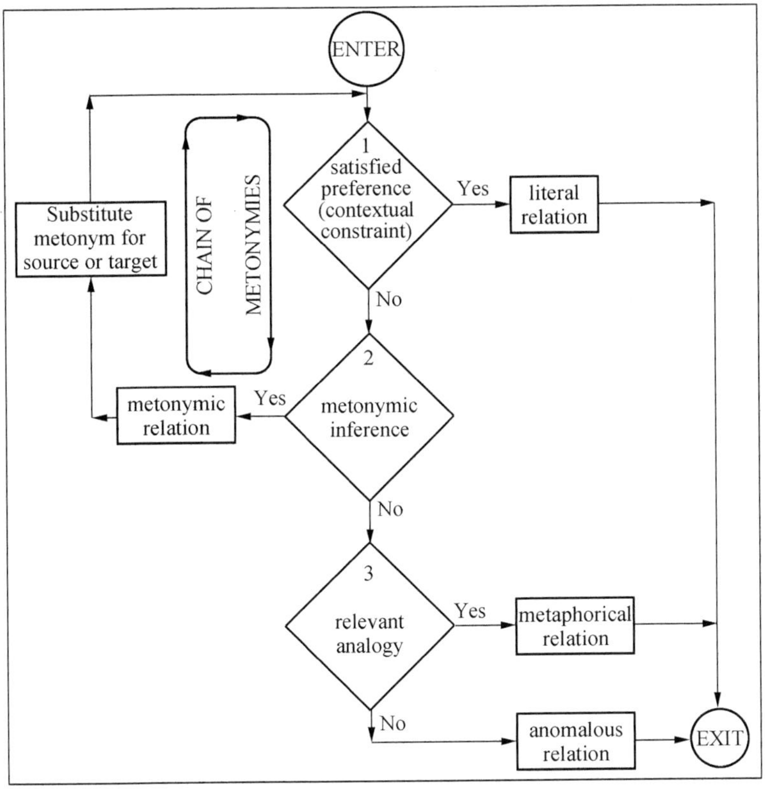

图2-3 The met * method(Fass,1991:13)

Gibbs(1984)在批判字面意义优先的隐喻解读时，将非字面意义的典型解读描述为三步：1）计算句子的字面意义；2）判断字面意义是否有问题；3）如果字面意义确实有问题，则寻找其他理解，即隐喻意义（当然也可能是转喻意义）（转引自Fass,1991:58）。

字面意义优先模式如今支持者甚少。90年代后，关于修辞语言的处理模式出现了一些新观点，如修辞意义优先和并行理论等理论假设相继出现。

修辞意义优先模式认为，人们首先寻找修辞解读。倘若不能进行修辞解读，或者说该解读在该语境下不合适，人们才会考虑字面解读。修辞意义优先的理论主要体现在熟语研究方面(参见 Gibbs，1994)。根据 Gibbs(1980)，当受试需要理解的是熟语的字面意义时，他们倾向于首先分析这些熟语的非字面意义，然后才生成非规约性的字面意义。

并行模式认为，人们同时进行修辞语言的字面和修辞解读。该理论主要是针对隐喻、熟语的加工提出的(参见 Cacciari & Glucksberg，1991；Glucksberg，1991；Swinney & Cutler，1979)。如果字面意义和非字面意义两种解读同样合适，并且非字面意义容易理解，那么字面或非字面意义解读都不优先，而是并行处理。

再来看层级突显假设。Giora(1997)提出了层级突显假设，认为突显的意义，比如说规约的、频繁使用的、熟悉的、上文语境提及的那些意义，都会被首先加工。她举出两种情况：

1) 如果超过一个意义是突显的，例如规约性隐喻中字面意义和隐喻意义都很突显，那么二者同时被加工，即并行处理；

2) 如果要传达突显度较低的意义，例如新颖隐喻中的隐喻意义、规约性熟语的字面意义或者一个高度规约化的字面表达的新颖解读，理解就出现先后顺序：突显度较高的意义先被加工，而后才是意欲表达的突显度较低的意义。

尽管字面意义优先、修辞意义优先、并行模式都有修辞语言加工的心理学实验作为支持，但是一些研究者还是提出了质疑。

例如，Frisson & Pickering(1999)认为，现有的这些关于处理顺序的假设(字面意义优先、修辞意义优先、并行模式)可能存在一些问题：

1) 现有研究在考察紧密联系的几个意义的去歧时，没有明显研究转喻；

2) 一些研究没有区分转喻的熟悉度，对意义选择、意义构建没有区别；

3) 大部分实验没有说明熟语/隐喻等关键词所在的位置；

4) 缺乏合适的技术来考察意义一开始的加工情况。

特别值得注意的是，Frisson & Pickering 还指出，针对转喻的实验研究相对较少。

再来看类似语言现象的加工研究。朱风云、张辉(2007)在研究熟语语义的加工时,也回顾、评述了国外几种主要的熟语语义加工模式:字面意义依赖模式(即字面意义优先模式)(Bobrow & Bell,1979)、字面意义独立模式(即并行模式和修辞意义优先模式)(Hilbert & Swinney,2002;Swinney & Cutler,1979;Gibbs,1994)和层级的突显假设(Giora,1997)等。

"加工模式"主要指熟语在线加工过程,以及影响加工的各种因素。这种方法主要通过心理语言学的实验去验证各种假设,并提出在线加工的模式(张辉,季锋,2008:2)。

朱风云、张辉认为有关熟语加工模式的研究都不同程度地忽视了熟语语义加工过程中的四个变量:熟悉度、字面意义程度(literalness)、语义透明度和语境效应。在熟语加工过程中如果不考虑到这些因素,那么得到的加工模式往往带有缺陷。

熟悉度与个人的经验有关,因而有个体差异,与其他因素相互作用(如字面意义的程度),对语义加工影响最大。现有研究表明,熟悉度对熟语的阅读时间影响较大(Schweigert,1986)。字面意义程度指人们理解熟语时字面意义所占的比重大小。语义透明度指人们可根据字面意义推理出熟语的比喻义的程度。语境效应指语境对熟语意义的通达性施加的影响。

基于上述修辞语言加工模式的回顾,笔者认为转喻的实验研究必须要考虑转喻意义的选择问题,说明目标词的出现位置,就目标词给足语境,并选择合适的实验方法。只有这样,指称转喻实验得出的加工模式才更加具有说服力。

2.4 对上述研究的评价

从转喻研究的历史来看,修辞学、认知语言学、语用学、认知语用学、自然语言处理等语言学分支学科和神经解剖学、实验心理学等实验学科均对转喻进行了理论或实验研究,成果颇为丰硕,主要体现在如下三个方面:

第一,从理论研究来说,传统修辞学主要关注了转喻语言使用的审美效果,认知语言学揭示了转喻作为概念结构的内在本质,语用学探索了转喻使用与理解的机理。这些研究都为后来的转喻学科融合作出了很大的贡献。

第二,从实验研究来说,实验心理学、发展心理学、神经解剖学等学科分别考察了转喻的语义加工模式、转喻能力的发展情况、转喻加工的大脑机制,这些发现从不同方面使我们对转喻的理解机制有了进一步的了解。

第三,转喻的语料库研究提供了地名、组织名转喻的真实分布情况,检验了认知语言学等学科对于转喻的理论假设。转喻处理致力于自然语言处理中对名词性转喻的准确识别和标注。这些研究对于研制可以正确标注、识别转喻的计算机系统软件具有重要意义。

不可否认,转喻的单一学科研究对转喻研究的理论发展或实际应用作出了很大贡献,然而,现有的转喻研究还存在一些不足:

第一,传统修辞学没有详细考察转喻背后的认知语用机制,不能解释转喻的能产性、理解的迅捷性。

第二,认知语言学研究的是广义的转喻,较多关注转喻的内部运作机制,一定程度上忽略了语境对于转喻认知过程的制约作用,更不可能考虑转喻意义的规约程度受到语境的调节作用和使用不同类型转喻带来的语用修辞效果。

第三,语用学对转喻的研究只关注了新颖指称转喻的使用与理解,虽然提出了"转喻连续体"的概念,却忽略了同属转喻连续体的规约性指称转喻,对指称转喻连续体的解读缺乏一个统一的理论描述。并且,研究者(Papafragou,1996)虽然运用关联论解释了新颖转喻的理解,却没有清晰说明理解过程中具体假设如何形成、如何得到检验、如何被排除,仅以不具备最佳关联来放弃不合理的解读,这样的说法过于含糊。

第四,转喻的理论研究总的来说方法单一,往往采用内省法、理论思辨法。因此,转喻理论研究得出的主要理论假设还有待实验研究的进一步检验。

第五,转喻的实验研究和应用研究也有待改进,现有实验设计考虑的变量不够全面,对诸如转喻意义的多重选择情况、触发转喻的一些语言语用因素等没有充分考虑。转喻的语料库研究和转喻处理中,为了提高计算机系统识别转喻的准确度,不断调整转喻识别的各类标准,然而这些标准却不够全面,譬如对语境因素考虑得不够充分,也没有针对特定的语言。因此,转喻应用研究的发展还有待于其理论研究的加强。

值得注意的是，近十年来，转喻研究呈现出学科融合的趋势，指称转喻的理解研究成为其中一个重要课题。Papafragou(1996)用关联论的框架研究了新颖指称转喻的使用与理解，江晓红(2009)也结合了认知语义学和关联论的互补之处考察了新颖指称转喻的认知语用过程。通过她们的研究，我们认识到指称转喻构成一个“转喻连续体”，指称转喻的识别或理解受到语言、认知、语用等制约因素的限制，新颖指称转喻的理解以最佳关联假定和转喻关系的联想认知作为基础。

值得肯定的是，转喻的融合研究一定程度上解决了单一学科研究的一些不足，然而，现有转喻的融合研究数量还偏少，对具体问题的研究也不够细致深入。以认知语用学框架下针对指称转喻理解机制的研究为例，研究者仅对指称转喻理解机制进行了理论建构，对其中涉及的解读细节问题探索不够，具体体现在如下三个方面：

1）现有研究虽然使用了关联论和转喻的认知机理作为推理的理论基础，却认为解读起始于寻找转喻概念的百科知识条目下的相关信息，该过程没有与转喻解读的各种制约因素进行联系，不符合人们理解转喻的客观规律，不能解释转喻理解的迅捷性；

2）前人对于制约转喻解读因素的解释相对笼统，各因素间的互动情况不明确，没有考虑听话人的认知环境，没有站在听话人的立场上考虑这些制约因素以及制约因素的共同作用，不能很好地解释符合最佳关联的第一解读的产生过程；

3）从现有的研究中，不能发现字面解读与转喻解读在语义加工顺序上的明确关系，这样一来，不能了解在理解指称转喻时是否需要跳过字面意义直接进行理解。

最后，就研究方法而言，前人的研究虽然以理论思辨、内省法为主，却没有采用相关定性方法了解听话人实际处理转喻的过程。这样一来，就没法了解现有关于指称转喻解读的理论假设是否正确，是否需要修正甚至推翻再建立新的理论假设、理论模型。

针对现有研究的贡献和不足，本研究将指称转喻的连续体作为研究对象，在关联论的基础上采纳优选论的思想重构话语解读的理论框架，根据汉语转喻语料从理论上考察指称转喻解读的制约因素、意义选择的过程、不同转喻意义的竞争性选择等问题，并拟用有声思维和访谈来验证理论假设，最终建立并修正基于关联—优选论的指称转喻解读的理论模型。

第三章 基于关联论与优选论的分析框架

从上一章文献回顾可以发现，前人关于指称转喻解读的研究做得还不够细致深入，关于理解的认知语用过程的描述还不够具体。因此，本章将基于关联论和优选论建立新的话语解读理论框架，以此来指导转喻解读的研究。

选择关联论的原因在于关联的交际原则、最佳关联的假定、关联理解程序等理论可以大体预测话语解读的原则与过程。并且，优选论中可以违反的制约条件、制约条件等级体系、优选语法操作、双向优选等核心思想可以与关联论的最佳关联原则、关联理解程序进行互补，细化话语解读的条件与解读程序。具体来说，3.1、3.2 将分别回顾关联论、优选论的基本思想，在此基础上，3.3 再结合汉语中话语解读归纳出的制约假定，构建基于关联—优选论的话语解读模型。

3.1 关联论的基本思想

传统观点认为话语解读的语境是给定的，甚至先于理解过程存在。关联论则认为话语解读的语境是听话人实时构建的，是一种心理建构体。

3.1.1 关联的定义

要弄清楚关联的定义，首先要认识关联的一个

必要条件:语境效果。语境效果指由新信息 P 与老信息 C 结合(或称作 P 在 C 中的语境化)而产生的效果,主要有三类:语境增强、语境隐含、语境冲突(Sperber & Wilson,1986)。譬如:

(1) 我花了很长时间写这篇大论文。

(1)中陈述的事实 P_1 会增强这篇论文的读者已经持有的某些假设 C_1:"写这类论文可能要花很多时间",因而会产生语境增强的效果,或者会结合读者其他的想法 C_2(例如,"长篇写作会减少很多娱乐时间")产生一些其他的语境隐含 C_3:"我"平时应该很忙,没有时间娱乐。如果"我"继续说:

(2) 虽然很忙,我周末还是会与朋友聚聚,吃吃饭,聊聊天,唱唱歌。

这时,(2)中所述的事实 P_2 就会与读者之前"我平时应该很忙,没有时间娱乐"的假设 C_3 发生强烈矛盾并将后者取消,我们称之为语境冲突。上述三种情况都是具备关联性的典型例子。

根据 Sperber & Wilson(1986),关联首先被定义为:

(3) 关联:

当且仅当一个假设在某个语境中具有一些语境效果时,该假设在此语境中才具有关联。

(Sperber & Wilson,1986:122)

然而,该定义未涉及关联的程度问题或语境如何确定的问题,因此需要进行修正。获得语境效果的心理过程自然需要一定的努力,因此心理上付出的努力也是在界定关联时需要考虑的因素。付出的认知努力是一个负因素(negative factor):其他因素维持不变时,付出的努力越大,关联度越低(Sperber & Wilson,1986:124)。为了显示关联也是一个比较型概念,Sperber & Wilson(1986)提出了带程度条件的关联定义:

(4) 关联(带程度条件的):

程度条件1:一个假设在某个语境中的关联度取决于它在该语境中的语境效果有多大。

程度条件2:一个假设在某个语境中的关联度取决于它在该语境中处理该假设需要付出多小的处理努力。

(Sperber & Wilson,1986:125)

我们借用 Sperber & Wilson(1986)的例子来进行说明:

若某个语境由下列假设 a—c 组成:

(5) a. People who are getting married should consult a doctor about possible hereditary risks to their children.

b. Two people both of whom have thalassemia should be warned against having children.

c. Susan has thalassemia.

(6)—(8)是新信息:

(6) Susan, who has thalassemia, is getting married to Bill.

(7) Bill, who has thalassemia, is getting married to Susan.

(8) Bill, who has thalassemia, is getting married to Susan, and 1967 was a great year for French wines.

首先来看第一种情况,如果在语境(5)a—c 中理解(6)和(7),可以发现(6)和(7)的句法、语义十分类似,因此需付出的加工努力几乎等同;然而,(7)所获得的语境效果更大,因为除了可以得到共同的语境隐含(9)之外,还可以获得(10)。

(9) Susan and Bill should consult a doctor about possible hereditary risks to their children.

(10) Bill and Susan should be warned against having children.

因此，这种情况说明，当两个假设置于相同的语境中且需要付出相同的认知努力时，获得语境效果越大的那个假设关联性越大。

再来看另一种情况。如果(7)和(8)置于语境(5)a—c中进行理解，由于加工(8)付出更多的认知努力(多出与语境无关的半句)，却与加工(7)得到的语境隐含相同，因此(8)在该语境下的关联性更低。也就是说，当两个假设置于相同的语境且得到的语境隐含相同时，付出认知努力越小的那个假设关联性越大。

综上，关联程度与语境效果成正比，而与认知努力成反比：在其他因素等同时，语境效果越大，某假设越有关联性；在其他因素等同时，付出的认知努力越小，某假设越有关联性。

3.1.2 关联论中的语境观

传统的观点认为，语境是事先确定的，甚至是先于话语理解的过程就确定的(何自然，谢朝群，陈新仁，2007)。Sperber & Wilson(1986:132 - 137)列举并分析了五种"给定语境"：

1) 语境是同一对话或语篇的先前话语中显明表达的假设集；

2) 语境是语篇先前话语显明和隐含表达的假设集；

3) 语境不仅是先前话语显明和隐含表达的假设集，还含有这些假设中使用的任何概念下的百科知识条目；

4) 语境不仅是先前话语显明和隐含表达的假设集以及这些假设中使用的任何概念下的百科知识条目，还含有新话语中任何概念下的百科知识条目；

5) 语境不仅是先前话语显明和隐含表达的假设集、这些假设中使用的任何概念下的百科知识条目、新话语中任何概念下的百科知识条目，还包括已加入语境的百科知识条目下的假设中包含的任何概念的百科知识条目。

Sperber & Wilson对这五种语境一一举例批判，提出语境在话语理解的过程中是可以做出选择并进行修正的。在他们看来，语境是一种心理建构体，是听话人对世界的假设集(何自然等，2007：25)。

在关联论看来，各种来源(如长时记忆、短时记忆、感知系统)的假设集都可能被选为语境，而交际者的百科记忆系统和当时参与的心理活动都会限制某时某刻语境选择的范围(Sperber & Wilson，1986)。

就长时记忆中的百科知识条目来说，可能是以大大小小的组块(chunks)组成的，在交际的某个时刻不同的组块的可及程度不同，有的一次可以提取，有的通过多次扩展语境才能提取。在演绎过程开始时，演绎设施体内有一组前提，根据综合性规则从中得到所有的非平凡隐含，以及所有的假设增强效果。在演绎过程结束时，所有未曾使用或受到影响的前提被抹去，可能存入其他的短时记忆存储体中(一般用途的短时记忆存储体)；而进行综合性运算的前提、新结论和得到增强的假设继续留在演绎设施体内，成为加工下一句话语的初始语境。当然，这个初始语境一般还要进行扩展，主要有三种方法：

1) 加入先前演绎过程中使用或推得的假设，因其位于一般用途的短时记忆存储体中而易于提取；

2) 仅在进行语境选择确实需要时，加入语境中现有的或正在加工的假设中的概念的百科知识条目；

3) 加入可见的即时环境中的信息，这些信息暂时停留在专门的短时感知记忆存储体中，在交际需要时转移到一般短时记忆存储体和演绎设施体中。

虽然语境的来源可选范围从演绎设施体到一般用途的短时记忆存储体到百科知识记忆体再到即时语境，但是具体情况下语境的选择取决于对关联的搜索(Sperber & Wilson，1986：141)。在关联论看来，对关联的衡量不是理解的终极目标，而是达到话语理解目的的一个方法。换句话说，衡量关联度只是为了使所加工的任何信息的关联度最大化。为此，要选择一个使关联度最大化的语境。一言以蔽之，关联是一个常量，而语境是一个变量。

在讨论关联与语境关系的基础上，Sperber & Wilson(1986)提出了更具心理现实性的相对于个人的关联：

(11) 相对于个人的关联(分类型)：

当且仅当在某个时刻，一个假设在某人可及的一个或多个语境中有关联时，该假设在那个时刻才对那个人有关联。

(Sperber & Wilson，1986：144)

在加工一个假设并寻求关联最大化的过程中，要选择最合适的语境。这个语境的特征是能取得付出的认知努力与获得的语境效果之间的最佳平衡。一旦这个平衡实现，就说该假设得到了优化处理。在讨论相对于个人的关联时所指的关联即指优化处理中的关联。于是，Sperber & Wilson(1986)提出相对于个人的关联(比较型)：

(12) 相对于个人的关联(比较型)：

程度条件 1：一个假设对于个人的关联度取决于它在优化处理时产生多大的语境效果。

程度条件 2：一个假设对于个人的关联度取决于它在优化处理时需要付出多小的努力。

(Sperber & Wilson，1986：145)

相对于个人的关联后来得到了修正。Sperber & Wilson(1995)认为，相对于个人的语境效果主要指处理假设获得的积极认知效果，即对实现认知功能或认知目标作出积极贡献的认知效果。

(13) 相对于个人的关联(分类型)：

当且仅当一个假设在某个时刻在某人可及的一个或多个语境中产生积极认知效果时，该假设在那个时刻才对那个人有关联。

(Sperber & Wilson，1995：265)

(14) 相对于个人的关联(比较型)：

程度条件 1：一个假设对于个人的关联度取决于它在优化处理时产生的积极认知效果有多大。

程度条件 2：一个假设对于个人的关联度取决于它为获得积极认知效

果需要付出多小的努力。

（Sperber & Wilson，1995：265）

关联论认为对认知过程提供输入的任何外部刺激信号或内在表征都可能在某时刻对个人形成关联，寻找关联是人类认知的基本特征。并且，关联是个程度的问题，只有当某个刺激信号比其他的刺激信号更具关联时，我们才可能留意到该刺激信号。这种关联性是从处理某输入内容引起的积极认知效果和为获得此效果付出的认知努力来衡量的。

根据 Wilson & Sperber(2004：609)，关联的定义再次被调整为输入内容相对于个人的关联。

(15) 输入内容相对于个人的关联：

a. 在其他因素相同的情况下，在某时刻处理一个输入内容获得的积极认知效果越大，该输入内容在该时刻对个人的关联越大。

b. 在其他因素相同的情况下，在某时刻处理一个输入内容付出的努力越大，该输入内容在该时刻对个人的关联越小。

当一个输入内容与相关的语境假设联系而获得积极的认知效果，如获得真实的语境隐含或者对既有假设的增强或修正时，就可以说该输入内容对该个体有关联(Wilson & Sperber，2012：6)。

在关联论看来，关联不仅是假设的特征，还是现象诸如话语之类刺激信号的特征。因为，说话人不可能光向听话人提供一个假设，往往提供一个刺激信号来改变听话人的认知环境，引起听话人的一些心理反应。一个个体的认知环境就是一些对他显明的事实的集合，而现象是通过使某些事实显明或更加显明来影响听话人的认知环境(Sperber & Wilson，1986：151)。于是，他们将一个现象的关联(分类型)定义为：

(16) 现象的关联：

当且仅当一个现象显明的一个或多个假设对个体具备关联时，该现象才对该个体有关联。

（Sperber & Wilson，1986：152）

相应地，一个现象的关联(比较型)定义为：

(17) 现象的关联(比较型)：

程度条件1：一个现象对个体的关联度取决于它在优化处理时的语境效果有多大。

程度条件2：一个现象对个体的关联度取决于它在优化处理时需要付出多小的努力。

（Sperber & Wilson，1986：153）

3.1.3 关联论的认知原则与交际原则

关联论认为人类自动追求关联的最大化是由于认知系统进化的结果，由此提出关联的第一条原则或认知原则(Sperber & Wilson，1995)：

(18) 关联的认知原则：

人类认知倾向于将关联最大化。

（Sperber & Wilson，1995：260）

认知原则预测、描述了人类的认知过程：人类感知机制倾向于自动挑选潜在的关联刺激信号，人类检索机制倾向于自动激活潜在的关联性假设，人类推理机制倾向于自动以最有效的方式加工这些假设(Wilson & Sperber，2012：6)。

Sperber & Wilson 正是在最大关联的认知背景下提出了明示一推理交际的交际模式。他们认为交际是一种明示一推理模式。一方面，说话人交际时尽可能提供具有关联的信息明示信息意图；另一方面，听话人在具体语境下选取具有关联的假设，对话语推理解读出说话人的交际意图。在明示一推理模式中，明示刺激信号的使用吸引听话人的注意，引发听话人对关联的期待，进而引起他对该话语的处理。这种期待与人类认知倾向于关联最大化是一致的。对说话人来说，他通过明示刺激信号引导听话人假定这个刺激信号具备足够的关联，值得进行处理。这就是关联的第二条原则或交际原则（Sperber & Wilson，1986）：

（19）关联的交际原则：

每一个明示交际行为都应设想为它具备最佳关联。

（Sperber & Wilson，1986：158）

一个明示刺激信号会引起最佳关联的假定。最佳关联是获得的语境效果与付出认知努力间的最佳平衡点，回答了听话人期待的具体内容（Wilson & Sperber，2004）。

（20）最佳关联的假定：

a. 说话人试图向听话人显明的假设集 I 足够关联，值得听话人付出努力来加工该明示刺激信号。

b. 该明示刺激信号是说话人能够用来表达 I 的最具关联的刺激信号。

（Sperber & Wilson，1986：158）

在 1995 年的第二版《关联：交际与认知》中，Sperber & Wilson 将最佳关联的假定修正如下：

（21）最佳关联的假定：

a. 该明示刺激信号给予的关联足够，值得听话人付出处理的努力。

b. 该明示刺激信号就说话人的能力和偏好来说是最具关联的。

（Sperber & Wilson，1995：270）

Wilson & Sperber（2012）认为话语传达的最佳关联的假定能够足够准确

地引导听话人进行话语理解。

3.1.4 最佳关联制约下的话语理解程序

根据 Sperber & Wilson(1986),听话人在理解说话人意图显明的假设集 I 时,首先搜寻一个最初的假设,检验它是否符合关联原则。如果符合关联原则,则停止搜寻,并接纳这个假设,否则要继续重复执行搜寻的过程,直到找到满足条件的假设。并且,要按照可及性顺序验证不同的假设,关联原则确保获得第一个经验证并符合关联原则的解读。

Wilson & Sperber(2004)认为推理说话人意义的总体任务可以分解为各种语用次任务:消除歧义、确定指称、解读省略、隐义、隐喻、讽刺等。

(22) 整体理解过程的次任务:

a. 通过解码、消歧、确定指称和其他语用充实过程就显义构建一个合适的假设;

b. 对意欲达到的语境假设(隐含前提)构建一个合适的假设;

c. 对意欲达到的语境隐含(隐含结论)构建一个合适的假设。

(Wilson & Sperber,2004:615)

关联原则和最佳关联的假定暗示了执行这些任务的程序:听话人遵循最省力的途径,从明晰的层面对解码意义进行充实,并结合语境假设推理隐含的层面,从而得出足够的结论或其他积极的认知效果,直到最终的解读符合他对最佳关联的期待(Wilson & Sperber,2012:7)。

(23) 关联理解程序:

a. 采取最省力的途径来估计认知效果:按照可及性程度高低一个个检验可能的解读(消除歧义、确定指称、推出隐义等);

b. 满足对关联的期待后解读终止,不能满足则放弃。

(Wilson & Sperber,2004:613)

关联理解程序同时适用于显义和隐义。在关联论看来，显义不能完全依靠解码得到，显义的恢复和隐义一样同样要根据关联原则、依靠语境进行推理。

Wilson & Sperber 特别强调，整体理解过程的次任务不是按顺序处理的，而是并行的，且随着话语的延续可能要修正、扩展对关联的期待。Wilson & Sperber(2012)也反复强调显义、隐义是通过相互调整过程(mutual adjustment process)构建的，即在此过程中显义、隐含前提、隐含结论三者间为达到听话人所期待的最佳关联而相互建立、修正、完善。在此过程中，听话人也可能要进行反向推理(backwards inference)：随着会话展开，听话人对于特定话语产生具体的关联期待，如期待应该得到什么样的隐含结论，这可以帮助他反向确定显义和隐含前提。

3.2 优选论及其在语用学中的应用

优选论的发展源于生成音系学。20 世纪 90 年代初，著名音系学家 Alan Prince 和认知科学家 Paul Smolensky 提出了优选论，将其作为语言分析的框架。该理论的核心思想认为语言是彼此相互冲突的力量交互作用形成的系统。

优选论的两个核心原则是制约条件的可违反性和制约条件的等级体系。与经典生成音系学不同，优选论认为语言的普遍原则是可以违反的，体现为可以违反的制约条件(constraints)，并且制约条件按从高到低的等级排列，一次性地为某个输入形式选出一个最优的输出形式。

3.2.1 优选论的基本假设

制约条件是一个输出形式可以满足或违反的结构性要求。制约条件非常重要的一个属性是可违反性(violability)：制约条件是可以违反的，但违反程度必须最小(Kager，1999：12)。一个制约条件被违反其背后一定有更强大的理由：避免违反一个更高等级的制约条件。即便一个制约条件被违反了，其违反情况也必须是最低程度的。

制约条件本质上是相互冲突的，满足一个意味着违反另一个，因此任何语法的逻辑上可能的输出形式都不可避免地至少要违反一些制约条件（Kager，1999:3）。语法要协调普遍性制约条件（universal constraints）之间的冲突，从而选出“最和谐”或“最优”的输出形式。“最和谐”或“最优”的标准在于最低限度地违反制约条件。语法的这种协调机制由制约条件的特定排列组成。

普遍性制约条件存在于所有语言之中，这些制约条件的排列（制约条件等级体系）具有语言类型的差异。但是，在任何语言中，与相对避免违反等级低的制约条件相比，则更加避免违反等级高的制约条件。因此，语言输出形式的结构合格性（grammatical well-formedness）只是一个相对的概念，指满足制约条件等级体系的程度较高。

优选论中“相互冲突的力量”即指发生交互作用的制约条件，主要涉及两类：标记性（markedness）制约条件和忠实性（faithfulness）制约条件。前者触发变化以使语言形式易于表达，后者阻止变化以使语言形式具有更多的区别性（马秋武，2008）。根据Kager（1999:8），每种语法都必须协调本质上相互冲突的忠实性力量（忠实于词汇区别性，使输出形式尽量向原有词汇的基本形式靠拢）和标记性力量（使标记性形式最小化）。但是，优选论不会以单一的、任何一方的力量来解决这个矛盾，不同的语言在解决标记性和忠实性的冲突时呈现多样性。就一种语言而言，有些冲突下标记性比忠实性具有优先性（priority），其他一些情况则可能颠倒次序（Kager，1999）。

发现和建立制约条件是优选论进行描写和分析的关键，因此如何表述制约条件显得十分重要。根据McCarthy（2002），在建立制约条件时，表述方面要注意如下几点：

1）制约条件的表述必须明确清楚，决不可出现诸如“音节倾向于有首音”之类的模糊表达；

2）制约条件不应该再含有比较性语句，诸如“l比n更适于作音节的核心部分”之类的说法；

3）制约条件的应用是必需的，无条件的，不可用“只有当……”、

"除……外"或者"否则……"设定应用条件；

4) 在提出新的制约条件之后，一定要对其进行检测。

（转引自马秋武，2008:44)

3.2.2 优选的语法操作

优选论的语法操作是输入到输出的映射过程，输入与输出一一对应(马秋武，2008:29)。优选论的基本假设是每个语言输出形式都是最优的，意即最低限度地违反制约条件等级体系(Kager，1999)。对一个具体的输入项来说，语法操作过程分为两个步骤：

1) 生成器(generator)为输入项生成无限多的候选项集合，为评估器(evaluator)提供无限多的候选项集合；

2) 评估器按照等级排列的制约条件($C_1 \gg C_2 \gg \cdots C_n$)对所有的候选项进行筛选。每一个制约条件可能剔除一些候选项，直到唯一一个候选项胜出为最终的优选输出项(图 3-1)。

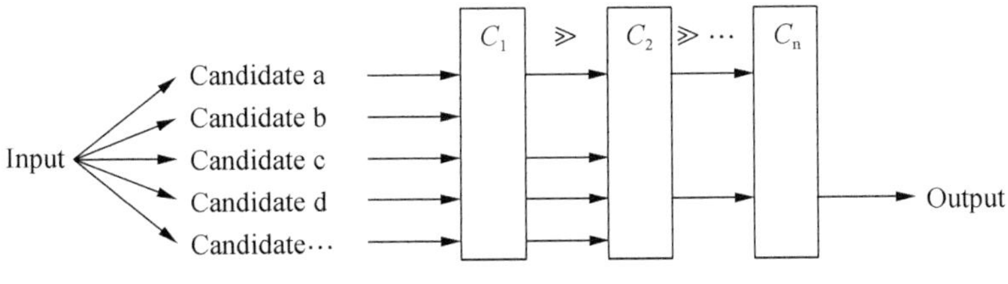

图 3-1 优选论语法中输入到输出的映射(Kager，1999:8)

如图 3-1，最优的输出项对制约条件集合来说是"最和谐"的选择。候选项 b 因违反了处于最高等级的制约条件 C_1(最严重地违反了和谐)而被删除。同理，候选项 c 也因违反了等级相对高的制约条件 C_2 而被放弃。最终的优选项 d 违反了某些低等级的制约条件而胜出。由此可见，违反高等级的制约条件代价最大，直接导致淘汰一些候选项。并且，违反低等级的制约条件可以用来避免违反高等级的制约条件，虽然根据最和谐的要求其违反程度总是保持在最低限度(Kager，1999:9)。

在优选论的语法操作中，生成器和评估器发挥重要作用。生成器是应用于输入项的函数,对于一个输入项可产生无限数量、多样化的候选项(每一个都是逻辑上可能的输出形式),并将它们提供给评估器。生成器最重要的一个属性是自由分析原则(Freedom of Analysis):候选项的结构、数量上不受任何限制(Kager,1999)。

评估器也是优选论语法的重要组成部分,它由制约条件等级体系构成,评估无限多的候选项的和谐度来选出最优的表层输出形式。制约条件等级体系包括所有的普遍性制约条件,按照特定语言中的顺序排列。评估器具有排列等级的传递性(transitivity of ranking)、经济性(economy)、严格统治(strict domination)、并行处理(parallelism)等特点。

首先,等级体系具有排列等级的传递性:如果 $C_1 \gg C_2$ 且 $C_2 \gg C_3$,那么 $C_1 \gg C_3$(Kager,1999)。其次,就违反制约条件而言,评估器还具有经济性的特点:某些候选项被删除只是为了避免违反更高等级的制约条件,并且只能在违反的最低程度下删除这些候选项(Prince & Smolensky,1993:27)。再次,评估的过程是一个多步的过程,一个候选项因违反某些等级高的制约条件后被剔除与它是否满足接下来的低等级的制约条件无关。这就是严格统治:违反高等级的制约条件不能以满足低等级的制约条件作为补偿。换句话说,满足高等级的制约条件相对于满足低等级的制约条件有绝对的、不可妥协的优先性(Kager,1999:23)。最后,评估器还有一个并行处理的属性:某些结构类型的所有的制约条件在同一个等级体系中起交互作用(Kager,1999:25)。不仅忠实性和标记性制约条件在同一个等级体系中交互作用,而且形态学与音系学等不同模块之间也可以相互作用。

3.2.3　优选论的分析方法

优选论采用候选项竞选表来分析语言现象。使用违反竞选表,其条件是已知制约条件的等级排列,但不知道哪个候选项是优选输出项。

表 3－1 中,第一行的制约条件 1、2、3 是按等级从高到低进行排列的。第一列的 i、ii、iii、iv 表示 4 个候选项,* 表示其违反的制约条件,一旦违反程度较高,则被淘汰,用"!"表示。由于违反了等级高的制约条件,违反低级的制约条

件已不再重要,用阴影表示。用☞指向评估器最终选出的优选项。当两个制约条件的交互性不清楚时用虚线来表示,反之用实线来表示。要注意的是,没有一个输出形式可以满足所有的制约条件,称作谬误的完美(fallacy of perfection)(Kager,1999)。没有完美的输出形式,只有最优或最和谐的输出形式。

表 3-1 候选项竞选表(tableau)

制约条件 / 候选项	制约条件 1	制约条件 2	制约条件 3
☞i			*
ii	*!		*
iii		*!	
iv	**!		

3.2.4 优选论与语用学研究

尽管起源于音系学,优选论的理论分析方法后来被应用于许多其他的语言学分支,如句法学、语义学、语用学(参见 Hendriks & de Hoop,2001; Blutner & Zeevat,2004)。20 世纪 90 年代末,优选论被应用于语用学领域,主要关注自然话语的理解问题。

优选论用于音系、句法领域是针对语言产出形式的优选过程,而用于语义、语用领域则是针对语言接受或理解的优选过程(马秋武,2008)。Blutner (1998)认为就自然话语的理解而言,说话人产出和听话人理解的过程不能隔离开来考虑,提出整合说话人和听话人视角的双向优选论(Bidirectional OT):一方面,说话人为特定的意义选择一个优选的形式;另一方面,听话人为一个特定的形式选择一个优选的解读。

Blutner 将话语产出和理解两个方面融入同一个理论框架,把配对的形式—意义组合＜f,m＞作为评估候选项。Blutner(2000)首先提出了强版本的双向优选分析模式:

(24) 强版本的双向优选分析模式：

一对形式—意义组合是优选的，当且仅当它们通过生成器生成，并同时满足Q原则和I原则：

(Q)（*f*,*m*）满足Q原则，当且仅当生成器中没有其他组合（*f'*,*m*），使得（*f'*,*m*）＜（*f*,*m*）

(I)（*f*,*m*）满足R/I原则，当且仅当生成器中没有其他组合（*f*,*m'*），使得（*f*,*m'*）＜（*f*,*m*）

（“＜”符号意思是前者比后者付出更少，更和谐，更经济）

这里的Q原则和I原则实际利用了Levinson(1987)和Horn(1984)为修正Grice理论框架提出的Q原则和I原则。

(25) Q原则和I原则：

Q原则：尽可能地多说（鉴于I原则）(Horn,1984:13)

不要提供比你的世界知识允许的信息量少的陈述，除非提供更强的陈述会违反I原则(Levinson,1987:401)。

I原则：不要比你应该说的多说（鉴于Q原则）(Horn,1984:13)

说的和需要的一样少，即产出最少的语言信息，只要能满足交际目标就行（考虑到Q原则）(Levinson,1987:402)。

所以，Q原则实际上考虑了听话人的经济性，而I原则考虑了说话人的经济性。I原则试图选择最连贯的解读，而Q原则则充当阻断机制，阻断了所有可以用其他更经济的语言输入形式表达的语言输出。

但是，强版本的双向优选分析实际上阻断了所有复杂的语言表达形式和复杂的意义，而实际语言使用中两种情况可能同时出现，譬如：

(26) a. Tom **stopped the car**.

b. Tom **caused the car to stop**.

如上例(26)b 中，“caused the car to stop”也是一种合法的表达。于是，Blutner(2000)提出了弱版本的双向优选分析模式：

(27) 弱版本的双向优选分析模式：

一对形式一意义组合(f,m)是超优的，当且仅当它同时满足Q原则和I原则：

(Q)(f,m)满足Q原则，当且仅当生成器中没有生成其他组合(f',m)满足I原则，使得(f',m)<(f,m)

(I)(f,m)满足I原则，当且仅当生成器中没有生成其他组合(f,m')满足Q原则，使得(f,m')<(f,m)

弱版本相对强版本的优势在于只达到了部分阻断的作用，最后两组超优的形式一意义对胜出：非标记性形式一非标记性意义和标记性形式一标记性意义。后者在强版本中被错误判定为非优选项。

双向优选论主要应用在词汇语用层面，形式一意义配对相对忽视语言使用和理解过程中的心理机制，因此对于具体话语解读而言，还需要进行调整。

王宏军(2012)在双向优选论的基础上，提出了多维视角下的话语解释的理论模型(图3-2)。该模型以语言内和语言外两类制约条件为中心，在会话中优选出最佳的话语输入和输出，并最终达到最佳的话语解释。语言内制约条件(intra-linguistic constraints)是忠实性制约条件，指语言使用常规(conventions of language use)、社会文化语境(social & cultural conventions)、社会文化常规(cognitive conventions)所触发的非推理型默认意义，其理解不需要语境的帮助。语言外制约条件(extra-linguistic constraints)则是标记性制约条件，包括了原则控制(principle control)、知识库(knowledge base)和心理认知机制(psychological and cognitive mechanism)。原则控制又包括所有的语用原则(如合作原则、礼貌原则等)，在话语产出和理解时得到激活、调用。知识库由一般情境(百科知识)、文化情境和社会情境构成，在具体语境下影响话语的解读。心理认知机制指听话人的认知语境、语用推理等。

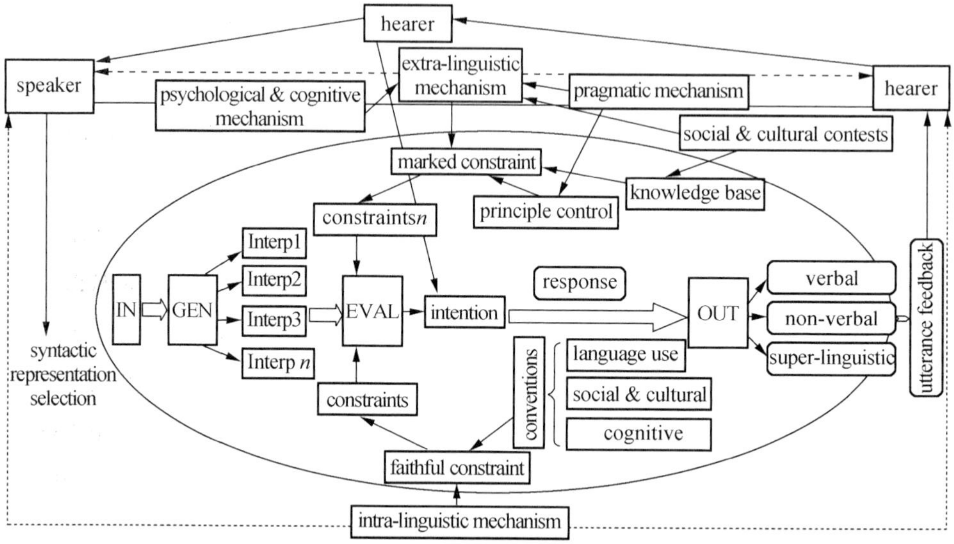

图 3-2　多维视角下话语理解的理论模型(王宏军,2012:123)

通过观察多维视角下的话语解读的理论框架和分析过程,笔者发现王宏军的研究虽然考虑了语言内和语言外两类制约条件,但是关于制约条件的分类有重叠而不够简洁,在具体的实例分析时也看不出两类制约条件如何介入意义的优选过程。以语言外部限制条件中的知识库为例,它包括百科知识、文化情境和社会情境,笔者认为百科知识和文化情境属于认知的范畴,主要是从认知上建立概念之间的联系,而社会情境则属于语用的范畴,涉及与交际任务、交际情境有关的语用因素。因此,诸如知识库等制约条件的表述将认知制约与语用制约糅合在一起,不够清晰明确,并且一些制约条件之间出现重合。再以对语料的定性分析为例,语料的使用和分析主要是用于对制约条件的一一说明解释,没有在同一个例子中联系多种制约条件,探索不同类别制约条件一起制约话语理解的情况。最后,正如王宏军本人指出,该理论模型未经实验验证。因此,本研究将重新界定各类制约条件,在此基础上,探寻制约条件参与话语解读的筛选过程,并用心理学实验验证话语解读的具体过程。

3.3 基于关联—优选论的话语解读模型

本节分为四部分，分别提出话语解读的基本假设、话语解读的制约假定及其等级体系、三类制约假定之间的关系以及基于关联—优选论的话语解读模型。

3.3.1 基本假设

上述两节简要回顾了与语言分析有关的关联论和优选论的核心思想。值得注意的是，关联论中关于最佳关联制约下的理解程序的论述还没有具体展开，特别是如何获得符合最佳关联的第一解读的过程尚不清楚。根据关联理解程序，要“采取最省力的途径来估算认知效果：按照可及性程度高低逐一检验可能的解读（消除歧义、解决指称、推理隐义等）；一旦满足对关联的期待即终止理解过程，反之放弃”，但是关联论并没有详细描述获取符合最佳关联的第一解读的选择过程。

根据 Hendriks & de Hoop（2001），语言的产出与理解都是优选的过程，只是涉及的角度不同：说话人对语言形式进行优选，而听话人则对语义进行优选。很多语用学理论都体现了“优选”的思想。以关联论为例，“最佳关联”（optimal relevance）实际上就是一种“优化关联”。根据关联原则，“每一个明示交际行为都传达了自身具备最佳关联的推定”（Sperber & Wilson，1986：158）。从说话人的角度来看，为了实现其交际意图，他总是在符合自己的能力和偏好的可选范围内选择最优的语言表达形式；该语言表达形式同时兼顾了听话人的利益，只需他付出最少的处理努力即可识别说话人的交际意图。从听话人角度来说，他相信说话人选用了能够实现其交际意图的最为关联的语言表达形式，因此他只需投入最少的处理努力就可收获最大的认知效应。不仅如此，处理努力与认知效果之间达到一种优化的平衡：付出的认知努力在认知效果上会有相应的补偿。充足的认知效果完全满足听话人对于最佳关联的具体期待。所以，从各方面来看，关联论处处体现了交际中的“优选”思想。

一方面，虽然关联论从认知心理学的视角提出了话语理解的认知与交际原则以及话语解读的关联理解程序，然而话语理解的心理程序中似乎还缺乏某些指导性的选择机制。另一方面，优选论作为生成语法的一个重要理论，其优势在于通过对可违反的制约条件的等级排列对具体的语言变化过程进行细致的描写。因此，笔者认为优选的思想可以用于解释自然话语解读中最佳关联的形成机制——优选论中关于制约条件等级体系和语法操作过程的优选思想可以细化基于最佳关联原则的话语理解程序。

在日常交际中，话语的解读是个或然性的过程，理解某句话的语境是有多重选择的。一句话往往从多种角度理解都可以获得最佳关联①。因此，需要对符合听话人关联期待的第一解读进行限制和界定。由于听话人在理解具体话语时受到语言、语用、认知等因素的影响，可以假设听话人的认知语境中至少存在语言、语用、认知三类制约条件的语境假定②(简称为制约假定)。语言制约假定主要指(汉语书面语中)标点符号③、语义、语法等语言类规则；语用制约假定主要涉及话题相关性/连贯性等因素；认知制约假定主要指百科知识等典型的知识经验。

基于优选论在音系学、句法学、语义学等诸多领域的应用，可以假设三种制约假定组成一个制约假定的等级体系：

1）认知制约假定因其相对不可违反性处于制约等级的最高层次，语言制约假定因其违反代价较小而处于制约等级的最低层次，中间是语用制约假定。三类制约假定的排列简写为“认知制约假定≫语用制约假定≫语言制约假定”(“≫”表示前者的制约条件等级排在后者之前)；

① 例如 A：Do you want some coffee？ B：Coffee would keep me awake. 该答句既可以理解为拒绝，又可以认为是接受。

② “制约假定”的术语表述基于关联论中的“语境假定”和优选论中的“制约条件”二词。在关联论看来，语境是一种心理建构体，是听话人对世界的假设集，因此使用“制约假定”一词才能符合关联论的基本思想。

③ 主要涉及引号的使用，如该地区将进行“总统”选举中，带引号的总统在意思上不同于不带引号的总统。

2) 三类制约假定组成的等级体系对话语理解起限制作用:删除当前语境下不合适的解读,按照制约假定被违反的严重情况挑选出第一解读。

这样一来,理解自然话语可以假设为一个基于关联—优选论的话语解读的筛选过程。生成器为某话语生成一些解读候选项:因个人认知能力的有限性和交际的实时性,解读候选项在当时语境下所产生的数量是有限的,也会因人而异①。不仅如此,候选项也有一定的产生顺序,即按照可及性高低产生。接下来,评估器根据三类制约假定一一核查、排除解读候选项。在此过程中,违反高等级的制约假定(如语用制约假定)的候选项一一被放弃,最后得出违反制约假定体系程度最低甚至为零的第一解读。该解读项对于三种制约假定组成的等级体系来说是最优的或最和谐的。最优的第一解读符合听话人对关联的具体期待。话语的直显义、隐义都可以通过基于关联—优选论的解读筛选过程来获得。

简单来说,优选论给关联论符合最佳关联的第一解读提供了具体的形成机制,充实了第一解读的获得过程。

下文的 3.3.2 节和 3.3.3 节首先通过实例和文献来发现、证明自然话语解读中的制约因素及其排列顺序,3.3.4 节基于上述筛选机制构建自然话语解读的关联—优选论模型。

3.3.2 制约假定及其等级体系

根据关联论的基本思想,字面、松散、修辞话语同属言语交际的基本过程,具有普遍的心理机制,不同解读的特殊之处仅在于它们达到最佳关联、获得充足认知效果的路径不一样。因此,为了研究指称转喻解读的具体过程,笔者首先观察、归纳一般话语解读的认知语用机制。

根据优选论,自然话语的理解本质上是语义优选的过程。一种语言输入

① 不同的理解者形成的当前制约假定的数量和内容可能不尽相同,如不同人对同一事件可能拥有不同数量、内容的认知假定。

形式与数种意义中哪一个意义对应是若干语言内、语言外制约条件共同进行筛选的结果。因此,对一般话语解读进行关联—优选论分析的关键在于发现相应的制约假定和排序。

(一) 语言制约假定

语言制约假定,顾名思义,主要指语言规则,包括(书面语中)标点符号、语法、语义的使用规范。

1) 标点符号制约假定

这里主要涉及汉语书面语中①引号的使用。具体来说,理解者拥有下列关于引号的制约假定:作字面解读的词汇在书面语中不使用引号。例如:

(28) **车型**外观设计体现出最新潮流,且高性能、低燃费二者兼顾,车价以在中国生产为前提,目标价格在 10 万元人民币左右。

(北大语料库)

(28)中"车型"不加引号,作字面解读,根据《现代汉语词典(第六版)》表示车辆的类型或型号。

由此,归纳出有关标点符号的制约假定:

标点符号制约假定:(汉语书面语中)词语甚至更大的语言单位不允许带有引号。

不过,我们在阅读报纸、浏览网页时却可以发现,一些词语常常加上引号,主要有两类情况:① 需要强调论述的对象;② 具有特殊含义的词语。例如:

(29) 首次接触一款车,相较于**"型"**,**"色"**更能给人以直接的感观冲击,这在营销学上被称为"七秒钟色彩理论",即对一个人或一件商品的认识,可以在 7 秒钟内以色彩的形态留在人们的印象里。

(《世界》,2013 年 2 月 18 日)

① 口语中不存在"标点符号制约假定"这一触发机制,更多依赖其他制约假定的违反或遵循情况决定解读方式。当然,书面语中带引号或书名号的转喻更容易被识别。

(29)中"型""色"虽然仍理解为本意"车型""颜色",却加上了引号,视觉上更为凸显,起到强调、突出的作用。因此,第一种情况还是根据字面意义来解读。观察语料还可以发现,特定含义的词语往往加引号,用于提示特定的解读方式。例如:

(30) 这样的**"聪明人"**还是少一点好。

(《现代汉语(增订三版)》)

(30)中,"聪明人"中的引号会触发反语解读,与指示代词"这样的"一起使用,其回声性用法更加突出了反讽的语气。当然,引号触发的也可能是其他特殊的解读方式。例如:

(31) 浒苔登陆青岛海岸　沙滩变**"草坪"**

(中新网,2013年6月9日)

(31)中"草坪"上的引号则引发了隐喻解读,描写了青岛海滩上浒苔堆积如同草坪一样的景象。

由此可见,上述标点符号制约假定在一般话语中是可以被违反的,违反的情况很可能是反语、隐喻等非字面用法的使用。从一定程度上来说,标点符号制约假定被违反往往提示特定词汇或更多的语言单位将获得非字面的解读。

2) 语法制约假定

根据《现代汉语(增订三版)》,汉语的语法单位可以分为语素、词、短语和句子。其中,语素怎样组合成各种结构的词,词怎样组合成各种短语,短语或词怎样形成各种句子,小单位用什么手段、方式组成种种大单位,其中都存在着一定的规律(黄伯荣,廖序东,2002:1)。例如副词的使用:

(32) **很好/很幸福**的生活/**很仔细**地看了一遍

(《现代汉语八百词(增订本)》)①

① 吕叔湘,1999.现代汉语八百词(增订本)[M].北京:商务印书馆.

(32)中，副词"很"分别用来修饰形容词"好""幸福""仔细"，表示程度高。

再如标点符号中感叹号的使用：

(33) 这是多么平静的一片原野！

（《现代汉语(增订三版)》）

(33)中的"！"。感叹号通常用在感叹句末尾，表示强烈的语气，抒发强烈的感情。

由此，我们得出语法制约假定：

语法制约假定：语句不能违反语法规则。

不过，这一制约假定在使用中有时会被违反。现代汉语会突破或偏离现有的语法规则，词、短语、句子、句群等出现新的组合方式。以名词来说，前面一般不能加上副词，不能接受否定副词"不"的修饰，也不能重叠使用，但实际使用中却有很多反例。例如：

(34) 大街很西方，小巷**很中国**。建筑**很西方**，人们**很中国**。

（刘墉，《漂泊的人生》①）

(34)中，"很西方""很中国"中的"很"作为程度副词却被用来修饰名词，目的是为了表达事物具有某项典型性质、特点。这说明语法制约也是可以违反的。

语法制约假定有时会与标点符号制约假定一起被违反。例如：

(35) 人间四月天，你"**妆**"得怎么样？

（腾讯女性，2013年4月9日）

(35)中，"妆"同时突破了标点符号制约和语法制约，"妆"代替同音字

① 刘墉，1997. 漂泊的人生[M]. 延吉：延边人民出版社.

"装",利用谐音使名词活用为动词,产生了新意,给人新鲜明快、生动活泼的感觉。

再如近年来流行的咆哮体:

(36) 老子两年前选了法语课!!!!!!!!

于是踏上了**尼玛**不归路啊!!!!!!!!!!

谁跟老子讲法语是世界上最**油煤**的语言啊!!!!!!!!

尼玛听的哪个外太空的法语啊!!!!!!!!!!!

跟吐痰一样一样一样的啊有木有!!!!!!!!!

谁再跟老子讲法语是世界上最**油煤**的语言老子一口浓痰咸死你啊!!!!!!!!!!!!!!!

(豆瓣网)

(36)中咆哮体的句群在每句结尾大量使用感叹号,违反了感叹号使用的规则:根据《现代汉语》(2002),抒发强烈感情应该依靠相关词语的使用,而非感叹号的叠用,所以一般情况下不宜叠用。除此以外,该句群还使用了一些谐音词"油煤""尼玛",同样也违反了语法制约。类似咆哮体的新语言现象虽然挑战了语法规则,却不影响话语整体的可理解性,因此被网民广泛使用。

3) 语义制约假定

需要说明的是,这里的语义制约假定主要与语言使用者关于词汇的语义关系的知识有关,不包含人们借助词汇掌握的百科知识。乔姆斯基(Chomsky)最早提出了选择限制(selectional restrictions/rules/features)的概念,主要指谓词对论元语义角色的制约(参见 Chomsky, 1965; van Riemsdijk & Williams, 1986 等)。以著名的"Colourless green ideas sleep furiously."一句为例,该句中动词 sleep 的主语论元从语义上来看是没有生命力的 ideas,而不是具有生命力 human / animal,该句就明显违反了选择限制。再如"Peter ate a car."中,谓词 eat 的宾语论元从语义上来说本该是可食用的东西,这里的 a car 显然违反了动词 eat 对宾语论元语义的限制。

在汉语中,动词同样也有选择限制。一般情况下,句子语义上应避免出现矛盾。例如：

(37) **享受**权利/**享受**贵宾待遇

(《现代汉语词典(第六版)》)

(37)中,“享受”意为物质上、精神上得到满足,往往与“权利”“待遇”等词搭配使用。动词“享受”对其依存的宾语名词的语义有选择限制,即有特定的选择偏好(preference)。其实,不光是动词,作为谓语的形容词对主语的语义也有选择限制。例如：

(38) 无论过去还是现在,我都喜欢对看不顺眼的事指手画脚。有人把这种毛病归咎于年轻气盛,言下之意,是一种幼稚的表现。可是江山易改,本性难移,我仍旧**我行我素**。

(《中国北漂艺人生存实录》①)

如(38)中,“我行我素”一般用于描述人的行为:不管别人怎么说,我还是照我本来的一套去做。(《现代汉语词典(第六版)》)

由此,我们得出语义制约假定：

语义制约假定:语句中的语义组合不可违反选择限制。

然而,现实话语中违反语义选择限制的情况比比皆是。并且,一旦出现语义冲突的情况,往往会触发非字面解读。例如：

(39) 国民党当局对作家格外“优待”,几乎每个作家都有个特务“保护”着。一来二去,作家就被“护送”到监狱或集中营去**“享受”毒刑与杀戮。**

(《现代汉语(增订三版)》)

① 卞庆奎,2005.中国北漂艺人生存实录[M].北京:中国青年出版社.

(39)中名词短语“毒刑与杀戮”违反了动词“享受”对其宾语语义的选择限制,“享受”与国民党特务对作家的“毒刑”与“杀戮”形成鲜明的语义矛盾,触发反语解读。另外,引号的使用更让人留意到这种强烈的语义冲突,引发非常规的解读。再如:

(40) 皇马本周末对阵桑坦德竞技,小贝因膝盖有伤而未能入选卡佩罗的18人大名单。趁此机会,他与妻子飞往意大利,参加好友汤姆·克鲁斯的婚礼。小贝夫妇一身时尚靓丽的装扮**“谋杀”**了不少摄影记者的胶卷。

(《京华时报》,2006年11月19日)

(40)中,“谋杀”“胶卷”也偏离了常规的动词与名词的语义制约。按常规搭配可以说,谋杀某个人。这里的偏离引起了特殊的修辞效果,即隐喻。“谋杀”上的引号又带有反讽的语气。这样的用法显得新颖独特,“谋杀”应该作特殊解读。

有些情况下,谓词对主语论元语义上的限制也会被偏离。例如:

(41)《金融时报》称,如今的北京房价,价格早已高得让人“不好意思”。即便如此,这个城市的**房价依然我行我素、玩命儿上涨。**

(腾讯房产,2013年11月19日)

“我行我素”“玩命儿”一般情况下均用于修饰人物行为,主语必须是人,然而在(41)中却用来描述房价,属于拟人用法。可见,违反语义制约假定的还可能是拟人用法。

从例(39)、(40)、(41)可见,语义制约假定有时也可被违反,并且常常伴随出现标点符号制约假定的违反。语义制约假定的违反往往提示非字面的解读(反语、拟人等),并可伴随产生特殊的语用修辞效果。

(二) 语用制约假定

语用制约假定指的是认知语境中一些比较动态、临时的假定,如对当前话题的假定。一般情况下,句子内部和句子之间意义上必须具备连贯性,语篇/会话中所讲述的话题要一致。语篇/会话一旦缺乏连贯性,命题之间就缺乏关联,导致无法获得与当前交际相关的解读。例如:

(42) * I bought a Ford. The car in which President Wilson rode down the Champs Elysees was black. Black English has been widely discussed. The discussion between the presidents ended last week. A week has seven days. Everyday I feed my cat. Cats have four legs. The cat is on the mat. Mat has three letters.

(Enkvist,1978:110)①

我买了一辆福特轿车。威尔逊总统在香榭丽舍大道上乘坐的那辆轿车是黑色的。黑人英语被广泛讨论。总统间的讨论于上周结束。一周有7天。每天我都喂我的猫咪。猫咪有四条腿。那只猫咪在垫子上。垫子这个词有三个字母。

(42)是一个有衔接却不连贯的句群。虽然各句之间都通过相同的词语进行衔接,但是由于谈论的话题都不一致,不同的内容掺杂在一起,缺乏连贯性而导致无法对句群进行整体理解。再举一个汉语的例子:

(43) *“志”是怎么得来的呢?是天生的吗?不。古人云:“世上无难事,只怕有心人。”“有心人”即教导人们要有恒心,要善于做长期艰巨的工作。古时李时珍花了一生的精力,攀山涉水,走遍天涯海角,才写出一部伟大的科学著作——《本草纲目》。

(《现代汉语(增订三版)》)

(43)中该句群第一句提出疑问,而后从第四句起的若干句并未就“志”的

① Enkvist N,1978. Coherence, pseudo-coherence and non-coherence[M]//Ostman J. Cohesion and Semantics. Abo, Finland: Abo Akademi Foundation.

来源进行解答，造成语意不连贯，无法从整体上加以理解。

反之，如果会话/语篇中话题有连贯性却缺乏衔接，还是可以进行解读的。例如：

(44) A：Can you go to Edinburgh tomorrow?

B：B.E.A. pilots are on strike.

(Widdowson，1979：96)①

A：你明天能去爱丁堡吗？

B：英国欧洲航空公司的飞行员正在罢工。

(44)中A和B看似在讨论不同的话题，上下文从一定程度上来说缺少衔接。然而，B话语的显义结合语境假设"如果飞行员罢工，那么任何航线包括飞爱丁堡的航班都会取消"可得出语境隐含"B明天去不了爱丁堡"。所以，A和B的对话从逻辑上来说还是具有连贯性的。因此，缺少衔接并不影响话语的解读，但是语意连贯性或话题相关性却构成话语合理解读的必要条件。再来看一例：

(45) 甲：咱们吃完饭一起去看看小王吧，听说她病了，该买点什么呢，水果还是花？

乙：我身体也不很舒服！

(杨子，2011)

(45)中乙表面上没有回答甲的问题，看似缺乏衔接。然而，如果用"身体也不很舒服"的显义结合语境假设"某人身体不舒服时一般不出门"即可推出语境隐含"乙间接拒绝了甲去看小王的提议"。因此，乙的回答还是具备关联性的，可以被解读。

---

① Widdowson H G，1979. Explorations in applied linguistics[M]. Oxford：Oxford University Press.

从例(42)—(45)可以看出,话题相关性或连贯性是大大小小的语言单位(句子/语篇/会话)获得合理解读的不可或缺的条件。由此,得出语用制约假定:

语用制约假定:话语不能违反话题相关性或连贯性。

一般情况下①,保持话题相关性或连贯性的制约假定不会被违背。

(三) 认知制约假定

认知科学家认为人类的大脑用特定的结构对知识进行组织加工,提出了理想认知模型(ICM)、认知域(domain)、框架(frame)、脚本(script)等关于认知结构的概念假说。在百科知识中,诸如概念和概念之间的相似性或邻近性等联系对话语理解提供认知上的可能性。一般情况下,话语不会偏离百科知识。例如:

(46) 这种植物只要保证足够光照,按时浇水,定期修剪,就会叶色亮丽、定期开花。

(改写自"常用花卉养护知识")

(46)中的植物养护细节与我们百科知识中植物适当的养殖方法相吻合。

(47) 即使下雨也都是微量降水,仅仅打湿地面而已。由于长时间没有像样的降水浇灌大地,使得空气也异常干燥、混浊,森林火险等级偏高。

(中国天气网,2014年1月21日)

(47)中描述的缺乏降雨导致气候干燥等现象与我们的典型经验相符。

然而,因个体认知能力、处理经验的差异,有些话语并不总是能激活背景知识,或者在交际者的典型经验中就相关概念建立具体的认知联系具有一定的难度。例如:

① 在理性的情况下,交际者不会违反话题连贯性,除非有其他交际需求,比如转换话题。在非理性的情况下,例如喝醉酒后,交际者可能产生不相关或不连贯的话语。

(48) ????① 大夫跟齐老师的爱人黄老师说，只要保证足够光照，按时浇水，定期修剪，**齐老师的生命**能维持很多年。

（改写自心香一脉 yahoo，2013 年 3 月 19 日）

(48)中，"保证足够光照""按时浇水""定期修剪"似乎与植物的养护更有关联，而与某人生命如何联系令人费解。再如：

(49) ???? 天上下着雨，地上真是干燥极了。

（改写自百度百科"干雨"）

(49)中，前半句"天上下雨"与后半句"地上干燥"看似十分矛盾。根据我们的百科知识，"天上下雨"的直接结果应该是"地面潮湿"。因此，该话语的解读比较困难，对于一般人甚至是不可能的，不可接受的。

从例(48)、(49)可见，有时提取合适的语境假定需要付出较大的认知努力，甚至可能失败。就后一种可能而言，由于交际的时限性，交际者很可能最终放弃解读。这显然不是理想的交际情形。一般情况下，自然话语不会违反认知制约假定，否则，人际交流将受到严重阻碍甚至失败。

由此，我们得出认知制约假定：

认知制约假定：话语传递的信息不得违反百科知识。

最后，基于大量的语言事实和前人的研究，我们似乎可以假设，认知、语用、语言三类制约假定共同组成一个等级体系，制约自然话语的解读：从解读候选项中排除严重违反制约等级体系的选项，优选出最低限度违反或最高程度满足该等级体系的解读项。关于等级体系内部排列的讨论将在 3.3.3 节展开。

① 认知理解的难度用"?"表示。"?"表示理解上有一点困难，但是标点符号上提示特殊用法的情况；"认知困难??"表示认知上较难建立联系；"认知困难????"则表示基本无法理解。

3.3.3 三类制约假定之间的关系

从上面的分析来看，语言、语用、认知三类制约假定中，(话题相关性或连贯性方面的)语用制约假定一般不能被违反——一旦违反，话语将无法得到与当前交际目标相关的解读，如例(43)所示。因此，根据(话题相关性或连贯性方面的)语用制约假定的相对不可违反性判定它位于制约假定等级体系的较上端。

(43) *"志"是怎么得来的呢？是天生的吗？不。古人云："世上无难事，只怕有心人。""有心人"即教导人们要有恒心，要善于做长期艰巨的工作。古时李时珍花了一生的精力，攀山涉水，走遍天涯海角，才写出一部伟大的科学著作——《本草纲目》。

(《现代汉语(增订三版)》)

那么(话题相关性或连贯性方面的)语用制约假定与其他制约假定的关系又如何？再来看一例：

(50) A：(教室里)昨天你看《楚汉传奇》了吗？演到哪儿了？
B：四面楚歌就是孤立无援的意思。

(50)中，A 问 B 是否观看了某部电视剧，而 B 的回答却围绕一个成语，表面上看似乎与 A 的话没有关联。但是这样的话题转换可能发生在某个特定的场景中，如老师突然走进教室。这时，虽然在 A 听来 B 的话不具备话题相关性，但是却传达了其他的交际内容：现在不方便讨论电视剧的话题。因此，少数情况下，违反(话题相关性或连贯性方面的)语用制约假定也不要紧，关键在于遵守认知制约假定，这样对话还是可以得到合理的解释。由此可见，认知制约假定的等级必定高于(话题相关性或连贯性方面的)语用制约假定，简写为：**认知制约假定≫(话题相关性或连贯性方面的)语用制约假定。**

再来看标点、语义、语法制约假定与认知、(话题相关性或连贯性方面的)语用制约假定之间的关系。譬如:

(51) 普宅和豪宅的两大品牌同时“**中枪**”,而且同为精装修纠纷,这在国内房地产发展史上见所未见。

(《21世纪经济报道》,2012年4月3日)

(51)“中枪”虽然违反了标点制约假定(引号的使用)和语义制约假定(应该说人一中枪),却没有影响话语整体的可解读性,这是因为该话语遵守了(话题相关性或连贯性方面的)语用制约假定和认知制约假定(基于相似性的联系,“中枪”比喻受到言语攻击)。因此,判定标点制约假定、语义制约假定的等级均低于认知制约假定和(话题相关性或连贯性方面的)语用制约假定。同时,在此例中语义、标点制约假定并没有发生交互联系,因此暂且判断它们在等级体系中属于并列关系。将上述关系简写为:**认知制约假定≫(话题相关性或连贯性方面的)语用制约假定≫语义制约假定,标点制约假定。**

最后,再来看语法制约假定与各制约假定之间的关系。例如:

(52) 家用中央空调很时髦“**有木有**”?

(《南方日报》,2011年7月28日)

(52)是流行语中的咆哮体,因句式杂糅而违反了语法规则——“家用中央空调很时髦”的正反问句只能是“家用中央空调很时髦,是不是?”或“家用中央空调时髦不时髦?”(52)虽然违反了语法常规,用于该新闻语境下却很合适,这是因为该例遵守了(话题相关性或连贯性方面的)语用制约假定和认知制约假定。因此,判定(话题相关性或连贯性方面的)语用制约假定和认知制约假定的等级均高于语法制约假定。同时,该例还违反了标点制约假定(“有木有”上的引号),因标点和语法制约假定之间缺乏制约关系,推断标点制约假定和语法制约假定位置上并列。基于上述讨论,得出:**认知制约假定≫(话题相关性或连贯性方面的)语用制约假定≫语法制约假定,标点制约假定。**至此,我们初步推断出制约假定等级体系的排列：**认知制约假定≫（话题相关性或连贯性方面的）语用制约假定≫语言制约假定（语义制约假定，语法制约假定，标点制约假定）。**

在自然话语解读的等级体系中，虽然单独或组合起来违反语义、语法、标点制约假定都不会影响话语的可理解性，但会影响话语的解读方式，例如前面的(39)：

(39) 国民党当局对作家格外“优待”，几乎每个作家都有个特务“保护”着。一来二去，作家就被“护送”到监狱或集中营去**“享受”毒刑与杀戮。**

（《现代汉语（增订三版）》）

(39)既违反了语义制约假定（“享受”毒刑与杀戮），又违反了标点制约假定（引号的使用），因此作反语解读。再如上文的(40)：

(40) 皇马本周末对阵桑坦德竞技，小贝因膝盖有伤而未能入选卡佩罗的18人大名单。趁此机会，他与妻子飞往意大利，参加好友汤姆·克鲁斯的婚礼。小贝夫妇一身时尚靓丽的装扮**“谋杀”**了不少摄影记者的胶卷。

（《京华时报》，2006年11月19日）

(40)同时违反了标点制约假定（谋杀上引号的使用）、语义制约假定（谋杀—胶卷），引发隐喻解读。这两个例子说明语义、语法、标点制约假定的单独或组合违反往往提示须进行非字面解读。与之相对，若话语遵循所有的制约假定则产生字面解读。

从话语解读的难度来看，认知制约假定是一个重要的影响因素。一般情况下，自然话语不会违反认知制约假定，人们总是依据百科型知识进行理解。少数情形例如诗歌中会出现违反或难以激活建立相关认知制约假定的情况，因而理解的难度也相应增加，当难度过大时，交际者很可能会放弃对话语的认知处理。例如：

(53) 我的父亲比我还要年轻

他在一朵云里漱口

挺精神的微胖

像在吹气球的口哨

（节选自樊忠慰《父亲的真身》[①]）

(53)中“我的父亲比我还要年轻”“他在一朵云里漱口”都难以激活百科知识，就像诗人的梦呓，却传达了一种超脱现实的诗意。由此可见，哪怕是认知上再困难的语句，只要置于合适的语境，也是可以被理解的。再如认知上理解难度极大的(48)、(49)：

(48) ????[②] 大夫跟齐老师的爱人黄老师说，只要保证足够光照，按时浇水，定期修剪，**齐老师的生命**能维持很多年。

（改写自心香一脉 yahoo，2013 年 3 月 19 日）

(49) ???? 天上下着雨，地上真是干燥极了。

（改写自百度百科“干雨”）

如果就(48)、(49)补充语境，譬如：

(54) 齐老师 44 岁那年变成了植物人儿。县医院的吕大夫跟齐老师的爱人黄老师说，不用太难过，只要保证足够的光照，按时浇水，定期修剪，齐老师的生命还能维持很多年。吕大夫是黄老师的高中同学谢红梅的老公，他说的话应该没错儿。

（改写自心香一脉 yahoo，2013 年 3 月 19 日）

① 樊忠慰，2011. 家园[M]. 昆明：云南人民出版社.

② 认知理解的难度用“?”表示。“?”表示理解上有一点困难，但是标点符号上提示特殊用法的情况；“认知困难??”表示认知上较难建立联系；“认知困难????”则表示基本无法理解。

(55) 天上下着雨，地上真是干燥极了。沙漠里这种“高空下雨，低空无雨”的景象，人们叫它“干雨”。

（改写自百度百科“干雨”）

一旦补足语境，(54)就合理地被理解为一种“拟物”，成为植物人的个体需要精心照顾，就像花儿草儿，只要好好儿照顾，生命还能持续多年。同理，(55)句中原先不能理解“天上下雨，地上干燥”的特殊天气现象一旦置于“沙漠”这种特殊的物理环境就可以说得通。

从上述三例可见，一般情况下，只要最终能找到合适的语境，理解难度再大的话语也能成功得到解释。

最后，用一个倒梯形呈现影响自然话语解读的制约假定组成的等级体系。在图 3－3 中，倒梯形的形状表示上层的制约假定等级较高，越向下制约假定的等级逐渐降低。梯形内部用实线分割为三层，实线表示上下两个制约假定之间的相互制约关系。梯形最下一层的语言制约假定内部，用顿号连接了语义、语法、标点制约假定，表示它们之间缺乏交互关系。

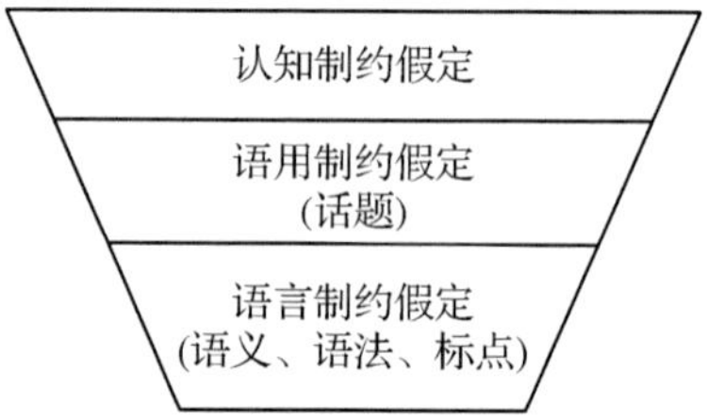

认知制约假定：话语传递的信息不得违反百科知识。
语用制约假定：话语不能违反话题相关性或连贯性。
语义制约假定：语句中的语义组合不可违反选择限制。
语法制约假定：语句不能违反语法规则。
标点制约假定：(汉语书面语中)词语甚至更大的语言单位不允许带有引号。

图 3－3　自然话语解读的制约假定等级体系

综上所述，我们可以得出如下几点结论：

1) 一般话语中的语言制约假定（标点、语法、语义）均可以被违反，但是（话题相关性或连贯性方面的）语用制约假定、认知制约假定却处于等级体系的较高端而一般不能被违反。

2) 认知制约假定不得违反，一旦违反，话语将彻底无解；（话题相关性或连贯性方面的)语用制约假定在一般情况下不能被违反①,若被违反,将不能获得满足当前交际目标的解读。

3) 违反语言制约假定(标点、语法、语义)但不违反(话题相关性或连贯性方面的)语用制约假定和认知制约假定,往往触发话语的非字面解读。

4) 在上文所举的例子中,自然话语触发特殊解读有如下 5 种情况:① 违反标点制约假定,遵守其他假定;② 违反语法制约假定,遵守其他假定;③ 同时违反标点、语法制约假定,遵守其他假定;④ 同时违反标点、语义制约假定,遵守其他假定;⑤ 违反语义制约假定,遵守其他假定。

5) 标点、语法、语义制约假定的单个或组合违反往往提示特殊的解读方式,如隐喻、反语、拟人等非字面解读。

需要指出的是,从理论上来说,引发非字面解读的共有 7 种情况(表 3-2)。由于篇幅所限,不一一展开。

表 3-2 理论上触发非字面解读的情况

违反制约假定的数目	违反制约假定的不同情况	严重程度
1个	违反标点,遵守其他; 违反语法,遵守其他; 违反语义,遵守其他	* * *
2个	违反标点、语法,遵守其他; 违反标点、语义,遵守其他; 违反语法、语义,遵守其他	* * * * * *
3个	违反标点、语法、语义, 遵守其他	* * *

3.3.4 基于关联—优选论的话语解读模型构建

依据上文对自然话语中各种制约假定的发现以及关联论、优选论的基本思想,可以形成基于关联—优选论的话语解读过程的假设:

① 上文提到两种违反语用制约假定的情况:喝醉酒或者转换话题。

1）根据关联理论，假定当前话语具备最佳关联；同时，根据优选论，话语生成一些解读候选项。

2）假定听话人会按照关联理解程序寻找符合最佳关联假定的第一解释。

3）在寻找符合最佳关联假定的第一解释的过程中，认知、语用、语言等多种制约假定同时参与进来，制约寻找过程。

4）在此过程中，符合各种假定的解读项，即字面解读，会被优先接受为第一解读；同样在此过程中，如果发现有一条或多条制约假定被违反，假定最低程度违反制约假定等级体系的解读项胜出，被接受为符合最佳关联的优选解读；倘若认知上难以提取相关的语境假定，听话人很可能放弃理解。

5）如果发现某话语违反了（话题相关性或连贯性方面的）语用制约假定，在没有其他交际需求的情况下，听话人会放弃理解。

以上解读过程可以用下图来展示：

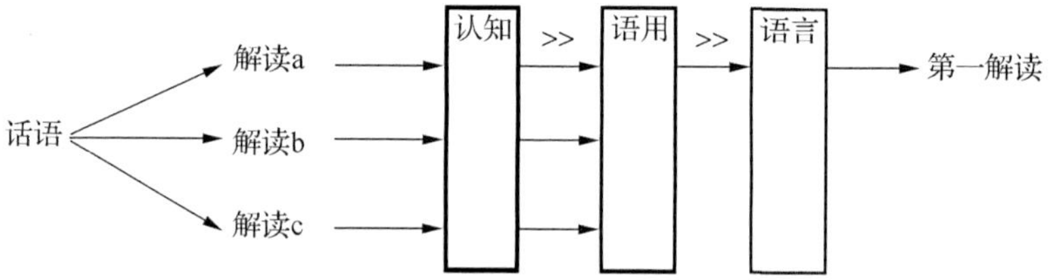

图 3－4　基于关联—优选论的话语解读筛选过程

在图 3－4 中，话语首先在关联—优选论的机制下生成一些解读候选项，这里仅举三例（真实语境中可能生成数量更多的候选项），如解读 a、解读 b、解读 c 三个候选项；解读项 a、b、c 的字母大小变化暗示可及性从高到低，即首先生成可及性最高的解读 a，以此类推。图的中间一部分是自然话语解读的评估机制——制约假定的等级体系，用三个柱形表示，柱形边框从粗到细暗示制约假定的等级从高到低，柱形上端之间的“≫”符号也表示等级从高到低。在评估过程中，解读候选项要通过三级评估：首先要通过认知制约，其次是（话题相关性或连贯性方面的）语用制约，最后是语言制约（语义、语法、标点）。解读 a 成功穿越三组制约假定到达第一解读，解读 a 与第一解读中间的三个箭头表示解读 a 最低程度地违反了等级体系，最终胜出；解读 b、解读 c 均止步于(话题相关性或连贯性方面的)语用制约的筛选,解读 b、解读 c 与认知柱形、语用柱形之间的两个箭头表示这两项虽然通过了认知制约的检验,却因违反了(话题相关性或连贯性方面的)语用制约假定导致不具备最佳关联性而被放弃。

对于解读过程的假设,还需补充说明几个问题:

1) 可及性高低与情景知识、工作记忆中的上下文知识、长期记忆中的百科知识调用的难易程度有关,并可能受到使用频率、认知主体的个人经历等因素的影响(熊学亮,1999;杨子,2011)。

2) 解读候选项的评估虽然是一次性的、并行的(从理解的迅捷性上来说正是如此),但是思考的实际过程中对候选项的评估有先后之分,即根据可及性的高低检验不同的解读假设。

3) 如果解读候选项较难生成,听话人最终可能会放弃理解。

4) 如果某解读候选项遵守认知制约假定却违反了(话题相关性或连贯性方面的)语用制约假定,则一般认为该项不具备最佳关联,是否胜出要看有无更和谐的竞争项①。

5) 如果某解读项遵守其他制约假定却违反了某些语言类制约假定(如语义、语法),一般认为该项具备最佳关联,不过还需处理一些信息来获得额外的认知效果。

最后,可以根据基于关联—优选论的话语解读过程和关联论整体理解过程的次任务建立如下的基于关联—优选论的话语解读模型:

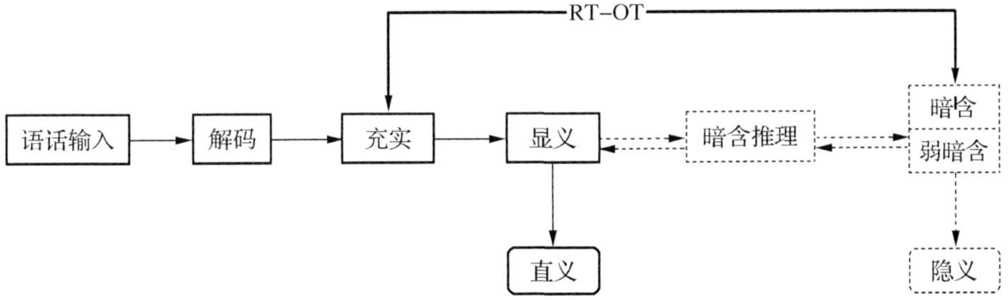

图 3-5 基于关联—优选论的话语解读模型

① 例如同时遵循认知和高层语用制约假定的竞争项。

在图 3－5 中，矩形框表示认知操作的步骤，虚线矩形框表示可能存在的认知操作的步骤；圆角矩形框表示认知操作的终止，虚线圆角矩形框表示可能存在的认知操作的终止；实线箭头表示理解话语的心理过程，虚线箭头表示可能存在的心理过程，粗线箭头表示认知操作受到的制约；箭头的方向表达认知操作的逻辑顺序，双向箭头表示认知操作的双向操作顺序。

话语输入首先被交际者解码为逻辑式，再进行语用充实。语用充实的过程受到基于最佳关联的优选机制(RT－OT)的制约，例如词汇、语法生成一些候选项，按照可及性高低一一经过 RT－OT 的评估筛选消除歧义，完成语用充实，进而迅速产生优选的显义(explicature)，到达直义层面(explicated meaning)；同时，优选的显义还可能与通过 RT－OT 评估筛选产生的语境假定(contextual assumptions)优选项相结合，进行暗含推理，产生优选的暗含意义(implicatures)和一些弱暗含(weak implicatures)，进而得出话语的隐义。反过来，这个过程也是可逆的，即根据 RT－OT 评估筛选先获得暗含和一些弱暗含的优选项，再进行暗含推理的逆向推导，产生语境假定的优选项和显义的优选项，到达直义。无论哪种情况，整个话语解读的过程都受到基于关联—优选论的制约假定等级体系的约束。

下面用一例来说明基于关联—优选论的话语解读模型。

(56) 爸爸(突然出现在呼呼大睡的女儿面前)：你知道现在几点了吗？

假设(56)是爸爸对女儿说的话。女儿听到该话语，首先解码得到“你知道现在几点了吗”。女儿假设这句话具备最佳关联，并进行语用充实：“你”指听话人，并且不是任何人，在这个特定情景下指的是特定人物“我”；“现在”不是宽泛的当前时间，而是指“爸爸”说话的特定时刻。经过对词汇、语法候选项的关联—优选筛选，女儿得出显义：爸爸问“我”现在几点。于是，听话人“我”对最佳关联的具体期待得到满足，话语解读终止于直义的获取，这是第一种情况。

当然，有时，话语解读不但包括显义，还可能同时兼有隐义。仍以(56)为例。在女儿得出显义的同时，脑海中闪现与当前话语交际目的最相关的、优选的某个语境假设“人们不可能询问正在睡觉的人现在几点”(而非“爸爸不知道现在的准确时间”等其他语境假设),进而得出暗含“爸爸是批评我这么晚了还在睡觉”和一系列弱暗含“不早点起床的话,爸爸会生气”“以后都要早起”等。于是,听话人“我”满足了对最佳关联的期待,话语解读终止于直义和隐义的获取,这是第二种情况。

有时,听话人不一定是正向推理,即根据显义和语境假定推导出隐义,而是反过来,从隐义逆推出显义和语境假定。还以(56)为例,可能当爸爸出现在女儿面前,并说出半句话“你知道现在”时,女儿已经感觉到了隐义和一些弱暗含,例如“爸爸在批评我,因为现在这个时间早该起床了”“起床晚了”“爸爸生气了”等,从这些隐义反向进入暗含推理,得出最契合当前交际目的的语境假设“爸爸不是想问正在睡觉的我现在的时间”(而非“爸爸不清楚现在确切的时间”等其他的语境假设)和显义“爸爸问我现在几点”。于是,听话人“我”满足了对最佳关联的期待,话语解读终止于隐义和直义的获取,这是第三种情况。

3.4 本章小结

本章首先回顾了关联论和优选论的基本思想,指出两者的不足和互补之处。然后,根据自然语料发现了自然话语理解中的制约假定及其等级体系,提出了基于关联—优选论的话语解读过程的假设,并最终初步建立了基于关联—优选论的话语解读模型。

第四章 指称转喻解读：基于关联—优选论的理论分析

根据第三章构建的基于关联—优选论的话语解读的理论框架，听话人的认知语境中至少存在着认知、语用、语言三类制约假定，它们共同限制了话语解读的范围，筛选出最优的话语解读项。根据关联论，转喻与字面、松散、其他修辞话语一样具有普遍的心理机制，因此基于关联—优选论的话语解读的一般过程可以用来解释转喻的理解。本章将探索指称转喻解读[①]的具体问题，以此来进一步细化基于关联—优选论的话语解读的理论假设。

基于第三章 3.3 提出的理论框架，笔者认为转喻与其他话语一样具有普遍的制约假定，只是达到最佳关联的方式不同。因此，本章以汉语语料中的指称转喻为例，4.1 首先细化指称转喻解读的各类制约假定及其等级体系，而后 4.2、4.3 分别探讨转喻解读与非转喻解读的发生条件和特定转喻意义的选择问题。

① 本章和其他章节中的“转喻解读”指的是作为指称转喻来解读，这里的“转喻”仅指“指称转喻”。

4.1 转喻解读的制约假定及其等级体系

在前人的研究中，虽然就识别和解读指称转喻的各个制约条件进行了定义、举例，但是并未将所有的制约条件联系在一起进行考虑。并且，以往研究只是从直觉上指出了语用制约条件的重要性高于其他的制约条件，并未进行论证，且所用的语料以英文为主，或中英混用。因此，本节对汉语指称转喻的各种制约假定进一步归纳，并证明其等级体系的存在。

4.1.1 语言制约假定

需要指出的是，这里的语言制约假定不同于认知语言学中的语义观①(参见 Saeed，2009)，是相对狭义的语言制约。转喻的语言制约假定仅仅涉及语言知识本身，是去除了百科知识的语言知识。在指称转喻的制约假定等级体系中，语言制约假定关系到语言规范的各个方面，而认知制约假定则包括百科知识、世界知识等。

1) 标点符号制约假定

标点符号制约假定是以往指称转喻解读研究中未提及的一类制约条件。一般情况下，书面语中作字面用法的词汇不用加引号，例如：

(1) 还有在我们的历史传说中《西游记》里的**齐天大圣**，也是猴子的化身。其实那是传说、神话。

(北大语料库)

(1)中的“齐天大圣”即小说《西游记》中的人物孙悟空，是字面用法，不加

① 认知语言学认为语言知识与普遍思维、认知能力密不可分，其中语义知识是广义的，包含了百科知识的语义知识。也就是说，二者之间没有明确界限。

引号。与之相比，转喻用法经常使用引号，譬如(2)：

(2) 中国的四大名著热也烧到了英伦半岛。从6月28日到7月8日，歌剧版《西游记》登上了英国曼彻斯特国际艺术节的舞台，连演12场，场场爆满。中国的**“齐天大圣”**以东方与西方、视觉与听觉的完美结合，让英国观众大开眼界。

（互动中国，2007年7月17日）

通过观察自然语料，笔者发现平面和网络媒体中指称转喻标注引号的用法更加普遍①，如(2)中“齐天大圣”加上引号用来转指歌剧版《西游记》。也就是说，引号的使用一定程度上提示了应作转喻解读。

需要注意的是，不是所有转喻都会由引号触发，引号触发的不都是转喻。譬如下面的三例：

(3) 昨天中午，在江宁土桥的庙会上，耍猴人刘大伯带着10只小猕猴在街头表演，惹来不少人围观。……围观者哈哈大笑：“**‘齐天大圣’**造反了呢！”

（改写自《现代快报》，2012年4月7日）

(4) 普宅和豪宅的两大品牌同时**“中枪”**，而且同为精装修纠纷，这在国内房地产发展史上见所未见。

（《21世纪经济报道》，2012年4月3日）

(5) 这样的**“聪明人”**还是少一点好。

（《现代汉语（增订三版）》）

(3)中虽然关键词“齐天大圣”和(2)一样，也加上了引号，却用作隐喻，指代“街头玩杂耍的小猴子”。(4)中，引号的使用也提示了隐喻解读，“中枪”比

① 尤其是新颖用法使用引号的情况更加普遍。

喻被攻击，受到了打击。(5)中聪明人加上引号则触发了反语解读。因此，违反标点符号制约假定有可能触发非转喻类的其他解读方式，而转喻解读也可能并不违反标点符号制约假定。因此，是否启动转喻解读还需要其他的判断标准。

从上面的分析归纳出与转喻解读有关的标点符号制约假定：

标点符号制约假定：(汉语书面语中)词语甚至更大的语言单位不允许带有引号。

从报纸等媒体的语言使用可以发现，绝大多数情况下，标点符号制约假定在书面语的转喻解读中是被违反的。

2) 语法制约假定

江晓红(2009)提到的转喻识别的句法制约主要指英语转喻语料中数量、代词和搭配的偏离情况。然而，这些偏离仅从表面上违反了句法制约，从实际指称对象来看，并没有违反主谓数量一致、代词一致。并且，多数修辞用法具备形式与意义的特定组合，字面与非字面用法的语言语境也有显著区别。同时，她也指出句法限制主要是对英语规约性转喻的归纳，这些语法规则的偏离可能不具备语言的普遍性。

基于上述英语转喻的句法制约内容，本研究对汉语指称转喻语料进行了考察。观察汉语语料可以发现，汉语指称转喻中语法制约假定也可以被违反，反映在如下三方面：

第一，复数或可数性规则的偏离，例如：

(6) **“红袖章”**们表示，他们的工作内容里，最多、最敏感也最难管理的就是情侣间的过分亲密问题。

(互动百科)

(6)中的“红袖章”们即体现了对名词语法特征的偏离。根据《现代汉语(增订三版)》，只有表人的名词后面能够加“们”表示群体(黄伯荣，廖序东，2002：12)。(6)中的“红袖章”指物，按照语法规则，不应有“‘红袖章’们”的复数表达形式。

第二，量词使用规则的偏离，例如：

(7) 停车场里已没有几辆车了，宋建平的**那辆白色本田**在夜的微明里泛着银色的光。

（北大语料库）

(8) 如果**哪位“红袖章”**对不文明行为睁一只眼闭一只眼，被监察员看到，还会受到相应的处罚。

（互动百科）

(7)中的“那辆白色本田”则违反了量词的使用规范。“本田”是专有名词，指日本的本田公司，而量词“辆”往往用来限定车，如“一辆汽车”。然而，“一辆＋专有名词汽车生产商”的用法已经约定俗成，人们使用时往往留意不到其转喻色彩。(8)中“哪位‘红袖章’”也违反了量词使用规则。“红袖章”是物品，而“位”往往修饰人。

第三，名词和代词一致原则的违反，例如：

(9) **13 号床**今天已经打过针了。他明天出院。

（改写自江晓红，2009:144）

(9)中“13 号床”本应由代词“它”来回指，而这里用了人称代词“他”，指代前后不一致，违反了名词和代词一致性的原则。

从上述几例可见，语法制约假定的违反也是启动转喻解读的条件之一，并且往往和标点制约假定的违反同时出现。然而，需要注意的是，违反语法制约的未必都是转喻，转喻未必都违反语法制约。例如：

(10) 家用中央空调很时髦**“有木有”**？

（《南方日报》，2011 年 7 月 28 日）

(10)是流行语中的咆哮体句式，属于句式杂糅，违反了语法惯例：“家用中央空调很时髦”的正反问句只能是“家用中央空调很时髦,是不是?”或“家用中央空调时髦不时髦?”(10)虽然违反了语法制约假定,却能用于新闻等语境。因此,违反语法制约假定的不能都归于转喻一类情况。反过来说,转喻不一定就违反语法制约假定。例如:

(11) 不一会儿,**大头鞋**就踏踏踏地追了上来。

(北大语料库)

(11)中,“大头鞋”就没有违反语法制约假定,却可以转指穿大头鞋的人,是典型的指称转喻。因此,转喻未必就违反语法制约假定,还需要其他的判定条件。

由此,从上面的分析得出与转喻解读有关的语法制约假定:

语法制约假定:语句不能违反语法规则。

特别需要注意的是,转喻不一定违反语法制约假定。

3) 语义制约假定

英语转喻中的语义制约主要指词汇语义层面对动词选择限制的违反(参见 Fass,1991;江晓红,2009),如“drink the **bottle**”中 bottle 违反了 drink 对其宾语语义的选择偏好。选择限制的违反是对修辞的传统看法,转喻识别的语义线索即基于对动词选择限制的违反:动词对同现的名词(论元)的语义角色总有一个选择偏好(如有生命力/无生命力),一旦出现偏离,听话人能立刻察觉这种语义冲突(semantic clash),继而作非字面解读。根据江晓红(2009),在汉语中选择限制也同样存在,如“转喻宾语”:具体动词对其宾语语义角色的限制。

基于江晓红等人的研究,笔者认为汉语转喻中语义制约假定的违反主要指词汇层面偏离语义规则的情况,主要有两类:

第一,违反了选择限制,即违反了动词对论元(主语或宾语)[①]语义上的限制。例如:

① 江晓红(2009)只提到了汉语中动词对宾语的制约情况。

(12) **北京**不再沉默:解放军新型远轰405震撼亮相

(中华军事网,2013年3月21日)

(13) 我教**快班**。

(江晓红,2009:79)

(12)中动词“沉默”同现的主语往往是某人,而“北京”显然违反了动词对主语论元的语义限制,除非理解为“中国军方”。(13)中动词“教”同现的宾语往往是知识或某人,“快班”显然违反了动词“教”对其宾语论元的语义限制,应解读为“快班的学生”。

第二,依存和自主关系中的语义冲突。例如:

(14) 她初恋谈的是县兵役局一位肩章上一颗“豆”的少尉排长,可是那年月时髦姑娘们流行的歌诀是:**一颗豆**太小,**两颗豆**嫌少,**三颗豆**正好,**四颗豆**太老。她很快就和“**一颗豆**”吹了,不久找了一位“**三颗豆**”。

(江晓红,2009:163)

动词词组“和……吹了”中“吹了”与“和……”是依存和自主的语义关系,“吹了”需要介词短语“和……”对其进行描写。然而,(14)中的“和‘一颗豆’”显然偏离了“吹了”的语义限制,应理解为军衔低的士兵。同时,(14)中还出现了标点符号制约假定的违反(引号的使用)及语法制约假定的违反(“一位‘三颗豆’”)。不过,它们的违反无关紧要,对转喻的可理解性不会产生什么影响[①]。这说明语义、语法、标点符号制约假定的违反也可同时出现,且不会导致话语无解。

从上面的例子可以看出,标点符号、语法、语义制约假定可单独或者两两被违反或者一起被违反,并且这些违反可以引起转喻解读。这也再次证明了标点符号、语法、语义制约假定在话语理解的制约假定组成的等级体系中处于底部。

① 标点符号、语法等制约假定的违反虽然不会影响话语的可理解性,但会影响话语的理解方式,如启动非字面解读。

需要指出的是，违反语义制约的未必都是转喻，转喻未必都违反语义制约。再以(12)为例：

(12) 北京不再沉默：**解放军新型远轰405震撼亮相**

（中华军事网，2013年3月21日）

(12)不光含有转喻，也包括隐喻。动词"亮相"的主语论元从语义上来说一般是某人，比喻某人公开露面或表演，这里显然违反了选择限制。所以，隐喻也可以违反语义制约假定。另一方面，转喻不一定就违反语义制约假定。例如：

(2) 中国的四大名著热也烧到了英伦半岛。从6月28日到7月8日，歌剧版《西游记》登上了英国曼彻斯特国际艺术节的舞台，连演12场，场场爆满。中国的**"齐天大圣"**以东方与西方、视觉与听觉的完美结合，让英国观众大开眼界。

（互动中国，2007年7月17日）

(2)中的"齐天大圣"就不违反致使动词"让"的选择限制，却也是典型的指称转喻。

因此，正如江晓红(2009)指出的那样，对语义制约的违反还不足以识别转喻，还需要其他的识别标准。

从上面的分析归纳出与转喻解读有关的语义制约假定：

语义制约假定：语句中的语义组合不可违反选择限制。

同时，需要注意的是，语义制约假定也是转喻解读的非充分非必要条件。

4.1.2 语用制约假定

Croft(1993)提出认知域的概念统一是转喻解读的原则①，并且指出最终

① 参见第二章中指称转喻解读的制约因素。

确定认知域的是语境，却没有详细展开论述。

江晓红(2009)的语用认知限制主要指语境对转喻识别的限制，认为对先前(后续)话语的解读、百科记忆、话语发生的物质环境、双方互为显明的语境对转喻解读十分重要。并且，她只是含蓄地提到语用制约的重要性高于其他各种制约条件，也没有进行论证。

在本研究中，语用制约假定主要指话题相关性或连贯性制约假定。当听话人在认知域中难以提取合适的解读时，往往要联系上下文、会话的时间、地点、涉及的事件及参与者等动态的语境因素进一步寻找目标概念。这时，话题的相关性、意义的连贯性就发挥指引作用。例如：

(15) ????① **番茄**有一定的保质期，洗过之后不光容易褪色，叶子还会变形。

(改写自华声在线，2013 年 5 月 8 日)

(16) 日本当红发型“熟透番茄头”，先把头发剪成圆形，然后把它染成茄红色，头顶部分挑几撮头发染成绿色当做西红柿的茎叶。令人伤心的是，**番茄**有一定的保质期，洗过之后不光容易褪色，叶子还会变形。熟西红柿发型是 Trick Store 发型屋的系列大胆设计之一。

(改写自华声在线，2013 年 5 月 8 日)

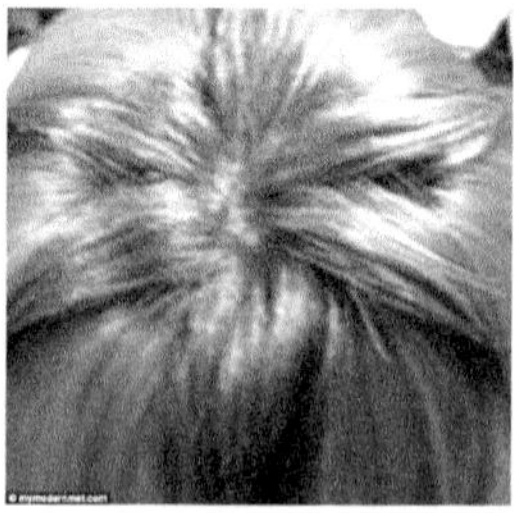

(15)中原先难以将“番茄”投射到某一具体概念，在熟悉的植物西红柿的认知域中无法获得恰当的解读，而通读新闻语篇(16)的上下文并参考图片可以发现这里的“番茄”实际指一个新奇的发型，这样“洗过褪色”“叶子变形”从语篇上来说都具备了相关性，并且与设计一个新奇发型的话题相符。再举一例说明：

① “?”表示理解困难的程度，“????”表示认知上相当困难。

(17) ???? **北极熊**袭击白金汉宫，**长颈鹿**从大本钟旁伸出长脖子，**大鳄鱼**准备咬塔桥，**大象**闯入特拉法特广场，**小企鹅**从"小黄瓜"(圣玛丽斧街30号)后面探出头来。

(MSN时尚，2013年5月1日)

(18) 英国温莎，各路动物现身温莎乐高乐园，庆祝得宝山谷开幕。**北极熊**袭击白金汉宫，**长颈鹿**从大本钟旁伸出长脖子，**大鳄鱼**准备咬塔桥，**大象**闯入特拉法特广场，**小企鹅**从"小黄瓜"(圣玛丽斧街30号)后面探出头来……不过，不必担心伦敦的安危，这些只是温莎乐高乐园里的缩微景观，而这些动物们其实都是得宝玩具模型。

(MSN时尚，2013年5月1日)

原先，难以将(17)中生活在不同地区(如北极、南极)的诸多动物与伦敦的主要景点联系在一起。若将"北极熊""长颈鹿""大鳄鱼""大象""小企鹅"投射到动物的认知域中必然违反百科知识：这些动物与伦敦主要建筑的高度悬殊太大，不可能造成任何破坏。通读(18)中新闻语篇上下文，并结合新闻图片，获知这里谈论的话题是一个主题乐园。根据话题的连贯性，推断这里的动物转指乐园中的动物模型，话语成功得解。

从上面的分析中归纳出与转喻解读有关的(话题相关性或连贯性方面的)语用制约假定：

语用制约假定：话语不能违反话题相关性或连贯性。

由此可见，理性的交际中，指称转喻的话题相关性或连贯性制约假定不会被违反，以至听话人总是可以从潜在的目标候选项中挑出或建立①合适的目标概念。话题制约假定的不可违反性说明它在转喻的制约假定等级体系中处于较高位置，是高层级的制约假定。

① "挑出目标概念"主要还是针对相对熟悉的指称转喻，而"建立目标概念"则是相对于新颖用法的指称概念而言的。

4.1.3 认知制约假定

江晓红(2009)的认知制约条件主要指决定转喻参照点(来源概念)的那些认知原则,这个定义有待商榷。江采用了 Radden & Kövesces(1999)提出的选择来源概念的三个认知原则:人类经验(human experience)、感知选择(perceptual selectivity)、文化偏好(cultural preference)。然而,笔者认为这些认知原则尚不能解释触发转喻解读的认知制约因素。本研究认为,指称转喻解读的认知制约假定主要指转喻的目标概念在认知域(即框架/理想认知模型)中投射的可能性或难度,主要由百科知识来决定。

当然,对于不同的人来说,因具体的知识储备、认知能力、处理经验的不同,提取具体语境假设的难度因人而异。正因为这样,有些转喻在一些人看来是费解的。再以上文的(15)、(17)为例:

(15) ???? **番茄**有一定的保质期,洗过之后不光容易褪色,叶子还会变形。

(改写自华声在线,2013 年 5 月 8 日)

(17) ???? **北极熊**袭击白金汉宫,**长颈鹿**从大本钟旁伸出长脖子,**大鳄鱼**准备咬塔桥,**大象**闯入特拉法特广场,**小企鹅**从“小黄瓜”(圣玛丽斧街 30 号)后面探出头来。

(MSN 时尚,2013 年 5 月 1 日)

(15)中,什么样的“番茄”洗过会褪色以及叶子变形让人难以理解。在我们的百科知识中,番茄不会褪色,更不会变形。再如,(17)中也很难将生活在不同地区的北极熊、长颈鹿、大鳄鱼、大象、小企鹅与伦敦的各大景点联系在一起。上述两句中指称转喻的目标概念提取难度相当大,当听话人碰到这样认知极度困难的话语往往会选择放弃解读。但是,从上文话题制约假定的论述可见[关于例(15)、(16)、(17)、(18)],只要置于合适的话题语境,认知上再困难的语篇也可得到理解。因此,笔者认为就指称转喻而言,理性的交际中不存在违反认知制约假定的情况，认知制约假定是最高层级的制约假定，处于等级体系最上端。

根据指称转喻自身的特点，可将自然话语中的认知制约假定进一步具体化：

认知制约假定：转喻的目标概念必须与来源概念位于同一认知域中，并且具有邻近关系。

从上文的分析可见，认知总是可以提供可能的解读候选项，由语用最终决定胜出项；在认知难以提供潜在的解读项时，交际者会主动放弃理解。从上述两组例子，得出认知制约假定≫（话题相关性或连贯性方面的）语用制约假定，即在转喻解读的制约假定等级体系中，认知制约假定的等级高于语用制约假定。

从对指称转喻解读的三大类制约假定的分析，得出三者之间的排序：认知制约假定≫（话题相关性或连贯性方面的）语用制约假定≫语言制约假定（语义、语法、标点）。该结论与一般话语解读的制约假定分析相一致。值得注意的是，笔者根据指称转喻的特征对普遍的认知制约假定作出了修改，因为转喻概念间可建立的邻近性关系是转喻区别于其他语言现象的特殊之处。另外，笔者还发现，有些用法新颖的指称转喻从理解上来说具有较大的难度。

4.2 转喻解读与非转喻解读及其顺序

首先，我们借鉴优选论的分析方法，用优选论通常采用的候选项竞选表来说明字面用法的关联—优选解读。例如字面用法“齐天大圣”：

(1) 还有在我们的历史传说中《西游记》里的**齐天大圣**，也是猴子的化身。其实那是传说、神话。

（北大语料库）

齐天大圣 / 候选项	认知	话题	语义	语法	标点
☞a. 孙悟空					
b. 猴子		*!			

针对(1)中的“齐天大圣”,按照可及性高低先后生成解读候选项 a. 孙悟空、b. 猴子,这是因为“孙悟空又名齐天大圣”在我们的百科知识中高度可及,其次我们才将其归类为猴子。(1)中,字面解读 a. 孙悟空没有违反任何制约假定,而如果将“齐天大圣”理解为转喻解读 b. 猴子,则出现前后语义不连贯(主题是一般意义上的猴子还是神话中的孙悟空?),严重违反话题制约假定而被放弃。因此,笔者认为字面解读不违反任何制约假定。

再来看关于指称转喻的关联—优选论的解读分析。这里有两种情况:一是规约性解读,二是非规约性解读。

根据本研究的操作定义,规约性指称转喻是转喻意义高度规约化的转喻类型,对其解读较少或者根本不依赖语境。例如:

(7) 停车场里已没有几辆车了,宋建平的那辆白色**本田**在夜的微明里泛着银色的光。

(北大语料库)

本田 / 候选项	认知	话题	语义	语法	标点
☞a. 本田汽车			* *	*	
b. 本田公司		*!			

(7)中“本田”按照可及性高低依次生成 a. 本田汽车、b. 本田公司两个候选项,这是由于公司名称指代汽车品牌的转喻约定俗成,在百科知识中高度可及。

若“本田”理解为“本田汽车”，则完全符合认知、话题制约假定，虽然违反了语法制约假定(量词“辆”的使用规则)、语义制约假定(不说白色＋公司，不说公司泛着光)，解读依然合适，因此胜出为优选项。如果理解为 b. 本田公司，则因话题不一致(汽车？公司?)而严重违反话题制约假定遭到放弃。需要指出的是，该类转喻已高度规约化，并失去修辞性(参见陈新仁，2008)，因此只表达了直显义。

再如医院情景下的规约性转喻“13 号床”：

(9) **13 号床**今天已经打过针了。他明天出院。

(改写自江晓红，2009：144)

13 号床 / 候选项	认知	话题	语义	语法	标点
☞a. 13 床那个人			*	*	
b. 编号为 13 的床		*！			

(9)中“13 号床”按照可及性高低依次生成 a. 13 床那个人、b. 编号为 13 的床两个解读项。因为在医务人员的认知语境中，用床号指代病人约定俗成，可及性最高。

如果理解为 a. 13 床那个人，则完全符合认知、话题、标点符号制约假定，即便违反了语法制约假定(代词使用不一致)、语义制约假定(不说几号床—打针，而应说人—打针)也无关紧要，该转喻解读依然胜出为优选项。若理解为 b. 编号为 13 的床，则与下半句中病人打针的内容不一致，严重违反话题连贯性而被放弃。同理，该类转喻受到交际效率的制约产生，因而也不具备修辞性。

再如以显著特征指代某人的规约性转喻：

(11) 不一会儿，**大头鞋**就踏踏踏地追了上来。

(北大语料库)

大头鞋 候选项	认知	话题	语义	语法	标点
a. 大头的鞋子	*!				
☞b. 穿大头鞋的人			*		

(11)中“大头鞋”按照可及性高低依次生成 a. 大头的鞋子、b. 穿大头鞋的人两个候选项，由于其字面意义更加熟悉，可及性最高。

如果理解为 a. 大头的鞋子，则严重违反认知制约假定(鞋子不能自己运动)而被放弃。若理解为 b. 穿大头鞋的人，则完全符合认知、话题、语法、标点符号制约假定，即便违反了语义制约假定(不说鞋子一追上来，应该说人一追上来)，也依然胜出为优选项。同样，因交际效率产生的“大头鞋”也不具备修辞性。

再来看第二类指称转喻。根据本研究的定义，非规约性指称转喻是说话人根据交际需要创造性使用的名词或名词短语，对其理解高度依赖语境。例如：

(2) 中国的四大名著热也烧到了英伦半岛。从 6 月 28 日到 7 月 8 日，歌剧版《西游记》登上了英国曼彻斯特国际艺术节的舞台，连演 12 场，场场爆满。中国的**“齐天大圣”**以东方与西方、视觉与听觉的完美结合，让英国观众大开眼界。

(互动中国，2007 年 7 月 17 日)

齐天大圣 候选项	认知	话题	语义	语法	标点
a. 孙悟空		*!			
☞b. 歌剧版《西游记》					*
c. 猴子		*!			

(2)中“齐天大圣”按可及性高低先后生成 a. 孙悟空、b. 歌剧版《西游记》、c. 猴子三个解读项，这是因为百科知识中“孙悟空”最可及，其次是上文出现的

"歌剧版《西游记》",最后是百科知识中的"猴子"类①。

若理解为 a. 孙悟空,则明显与上文语境矛盾(歌剧版里的孙猴子还是文学作品里的孙悟空?),严重违反话题的连贯性而被放弃。倘若理解为 b. 歌剧版《西游记》则遵循了认知、话题、语义、语法制约假定,虽然违反了标点符号制约假定,依然胜出为优选项。若理解为 c. 猴子,则也与上文语境中的话题不符(歌剧版里的孙猴子还是普通的猴子?),严重违反话题制约假定而遭到放弃。当然,解读"齐天大圣"为显义歌剧版《西游记》时,交际者还要同时处理一些隐含的信息:"齐天大圣"本该用在文学体裁而非社会新闻的体裁中,这里的体裁冲突带来戏剧化的语用效果。

我们再以其他的指称转喻词汇为例进行分析,例如非规约性转喻"红袖章":

(6) 在南京林业大学,年轻的情侣要有所顾忌,因为校团委在校园里设置了"校园巡视岗",让勤工助学的学生戴上**红袖章**四处巡视……"**红袖章**"们表示,他们的工作内容里,最多、最敏感也最难管理的就是情侣间的过分亲密问题。

(互动百科)

红袖章 / 候选项	认知	话题	语义	语法	标点
a. 物品		*!			
b. 红卫兵		*!			
☞c. 校园巡视岗			* *	* *	*

(6)中"红袖章"根据可及性高低依次生成 a. 物品、b. 红卫兵、c. 校园巡视岗三个候选项,这是因为上文中"戴上红袖章"似乎暗示"物品","红卫兵"也

① 当然,产生哪些解读候选项以及产生顺序的主观分析还需要通过心理学实验来验证。参见第五章实验研究部分。

是百科知识中相对熟悉的概念，而“校园巡视岗”则来源于上文中的话题。

当“红袖章”理解为 a. 物品时，显然与下文谈论的红袖章的人物行为相矛盾，因严重违反话题的连贯性而被放弃。再将“红袖章”理解为“红卫兵”，则其特殊年代的行为特征与语篇中管理情侣亲密行为的大学生群体不符合，出现两个话题，因严重违反话题制约假定而被放弃。最后，将“红袖章”解读为“校园巡视岗”，符合认知、话题制约假定，即便违反了标点制约假定（引号的使用）、语法制约假定（名词的复数规则、代词一致性原则）、语义制约假定（不说物品一表示、管理），也不影响话语的最终理解，因此该意义胜出为优选项。同时，对三个语言制约假定的违反引人注目，暗示了“红袖章”是一个特殊的群体，吸引读者深入阅读。

再如非规约性转喻“北京”：

(12) **北京**不再沉默：解放军新型远轰 405 震撼亮相

（中华军事网，2013 年 3 月 21 日）

北京 / 候选项	认知	话题	语义	语法	标点
a. 地名		*！			
b. 中国政府		*！			
☞c. 中国军方			*		

(12)中“北京”按照可及性高低依次生成三个候选项[①] a. 地名、b. 中国政府、c. 中国军方，这是因为“北京”作为“地名”和“中国政府”的概念在百科知识中高度可及，而 c. 中国军方则是根据上下文语境生成的候选项。

倘若将“北京”理解为 a. 地名，则与下文谈论的军事话题不连贯，严重违反话题制约假定而被放弃。如果将“北京”理解为 b. 中国政府，则不符合下文

① “北京”作为“地名”和“中国政府”两项的可及性都很高，具体哪一个先产生还有待实验验证。

谈论的军事内容，再次严重违反话题制约假定而被放弃。最后，将"北京"解释为"中国军方"，完全符合认知、话题、语法、标点制约假定，即使违反了语义制约假定（不说地名—沉默，应该说人—沉默）也不影响话语最终的解读，因此该项胜出为优选项。同时，对语义制约假定的违反使得该新闻标题具有言简意赅、掷地有声的修辞效果，吸引读者进一步阅读。

再如非规约性转喻"三颗豆"：

(14) 她初恋谈的是县兵役局一位肩章上一颗"豆"的少尉排长，可是那年月时髦姑娘们流行的歌诀是：**一颗豆**太小，**两颗豆**嫌少，**三颗豆**正好，**四颗豆**太老。她很快就和"**一颗豆**"吹了，不久找了一位"**三颗豆**"。

（江晓红，2009：163）

三颗豆 / 候选项	认知	话题	语义	语法	标点
a. 三颗豆子		*!			
☞b. 军衔高的人	??			*	*

(14)中"三颗豆"按可及性高低先后生成 a. 三颗豆子、b. 军衔高的人两个解读候选项，这是因为植物认知域中的"三颗豆子"更加可及，而"军衔高的人"则是根据上下文语境生成的候选项。

若理解为 a. 三颗豆子，植物的解释则与上文谈论的找对象的内容不一致，严重违反话题制约假定而被放弃。当理解为 b. 军衔高的人时，则符合话题、语义制约假定，即便认知上提取难度较大，违反了标点制约假定（引号的使用）、语法制约假定（量词"位"的使用规则），该转喻解读依然合适，最终胜出为优选项。同时，对两个语言制约假定的违反带来新颖生动、调侃戏谑的表达效果，暗含了说话人对这种择偶标准的反对态度。

根据上文对两类指称转喻解读的分析，我们列出如下表格来归纳不同的转喻类别对各种制约假定的违反情况：

表 4－1　两类转喻违反制约假定的情况

转喻类别 / 制约假定违反情况	规约性转喻	非规约性转喻
1	语义、语法	标点
2	语义	语义、语法、标点
3		语义
4		语法、标点

观察表 4－1 可以发现，规约性转喻利用引号比较少，而非规约性转喻中引号的使用比较普遍，这可能与后者较新颖的用法有关①。为了比较转喻解读与非转喻解读的区别，再来观察其他的非转喻用法：

(4) 普宅和豪宅的两大品牌同时“**中枪**”，而且同为精装修纠纷，这在国内房地产发展史上见所未见。

(《21 世纪经济报道》，2012 年 4 月 3 日)

中枪 / 候选项	认知	话题	语义	语法	标点
☞a. 比喻被攻击、受到打击			*		*
b. 被子弹击中		*!			

(4)中“中枪”按照可及性高低依次生成 a. 比喻被攻击、受到打击和 b. 被子弹击中两个解读候选项，这是因为“中枪”的隐喻用法由于近来使用频率较

① 在平面和网络媒体中，新颖的名词运用引号的做法非常普遍，目的是为了吸人眼球。

高变成高度可及的意义，其可及性远高于字面意义。

当"中枪"理解为 a. 比喻被攻击、受到打击时，符合认知(基于相似性的联系)和话题制约假定，即便在该语境下违反了标点制约假定(引号的使用)和语义制约假定(不说品牌—中枪，而应该说人—中枪)，该隐喻意义依然胜出为优选项。同时，由于违反了几个语言制约假定，该话语传达了调侃的修辞效果。如果作字面解读 b. 被子弹击中，则因话题不一致(枪击案？商业地产纠纷？)而严重违反话题制约假定，该解读被放弃。

再如隐喻"草坪"：

(19) 浒苔登陆青岛海岸 沙滩变"**草坪**"

(中新网，2013 年 6 月 9 日)

草坪 / 候选项	认知	话题	语义	语法	标点
a. 真草坪		*!			
☞b. 浒苔堆积的样子像草坪					*

(19)中"草坪"按照可及性高低依次生成 a. 真草坪、b. 浒苔堆积的样子像草坪两个候选项，b 项是联系具体语境产生的候选项，其可及性因而低于字面意义。

当"草坪"理解为 a. 真草坪时，则引发前后话题不一致(绿藻类环境污染？草坪？)而严重违反话题制约假定，该解读即刻被放弃。然后，将"草坪"解读为 b. 浒苔堆积的样子像草坪，满足认知(基于相似性的联系)、话题制约假定，虽然违反了标点符号制约假定(引号的使用)，该隐喻意义仍然胜出为优选项。同时，该新闻标题传达了这样的隐义：浒苔造成的环境污染十分严重。

再来看规约度比较高的反语"聪明人"：

(5) 这样的"**聪明人**"还是少一点好。一个只有"**聪明人**"的世界是不会进步的，如果没有“傻瓜”们付出的努力与牺牲，文明将会停滞，历史只能重复。

（改写自《现代汉语（增订三版）》）

聪明人 / 候选项	认知	话题	语义	语法	标点
☞a. 精明的人					*
b. 聪明的人		*！			

(5)中的“聪明人”按照可及性高低依次生成 a. 精明的人、b. 聪明的人两个候选项，这是因为前者规约度较高。

当“聪明人”理解为反语意义“精明的人”时，虽然违反了标点制约假定（引号的使用），依然胜出为优选项。若将“聪明人”理解为字面意义“聪明的人”则违反了话题连贯性，解读被放弃。

很多情况下，加上引号即提示非常规的解读。最后，再来看反语“享受”：

(20) 国民党当局对作家格外“优待”，几乎每个作家都有个特务“保护”着。一来二去，作家就被“护送”到监狱或集中营去“**享受**”毒刑与杀戮。

（《现代汉语（增订三版）》）

享受 / 候选项	认知	话题	语义	语法	标点
a. 物质、精神上的满足	*！				
☞b. 假享受			*		*

“享受”首先生成候选项 a. 物质、精神上的满足，如此一来，则严重违反了认知制约假定（毒刑与杀戮是真正的享受?）而导致该解读被放弃。接下来，再

生成候选项 b. 假享受，经检验符合认知、话题制约假定，即便违反了标点制约假定（引号的使用）、语义制约假定（不说享受毒刑与杀戮，而应该说享受某待遇），该反语解读仍然胜出为优选项。

根据上文对隐喻和反语解读的分析，我们列出表 4－2 来归纳两类非转喻解读对各种制约假定的违反情况：

表 4－2　隐喻、反语违反制约假定的情况

非转喻类别 / 制约假定违反情况	隐喻	反语
1	语义、标点	标点
2	标点	语义、标点

对照转喻和非转喻类别对制约假定的违反情况，我们发现隐喻和反语与非规约性指称转喻在违反制约假定时甚至出现相同的情况（违反语义、标点符号制约假定）；此外，列举的隐喻和反语例子违反制约假定的情况竟然一样（违反标点制约假定/违反语义、标点制约假定）。由于转喻和其他非字面用法对语言制约假定的违反情况有一定相似性，可以判断二者的本质区别不在于对语言制约假定的违反情况，而在于对高层级的制约假定的遵循情况。从传统的认知语言学角度来说，隐喻涉及相似性，而转喻包括邻近性或者相应的语义/语用联系（Barnden，2010）。因此，笔者认为，非字面用法的转喻解读和非转喻解读的最大区别在于它们对认知制约假定的遵循路径不一样：转喻解读基于听话人对同一认知域内两个概念的邻近性的认知表征与激活的情况，而非转喻类别例如隐喻的解读则基于听话人关于两个认知域间相关概念的相似性的认知表征与激活的情况等。再用上文的两个例子说明：

（2）中国的四大名著热也烧到了英伦半岛。从 6 月 28 日到 7 月 8 日，歌剧版《西游记》登上了英国曼彻斯特国际艺术节的舞台，连演 12 场，场场爆满。中国的“**齐天大圣**”以东方与西方、视觉与听觉的完美结合，让英国观众大开眼界。

（互动中国，2007年7月17日）

(3) 昨天中午，在江宁土桥的庙会上，耍猴人刘大伯带着10只小猕猴在街头表演，惹来不少人围观。……围观者哈哈大笑："'**齐天大圣**'造反了呢！"

（改写自《现代快报》，2012年4月7日）

(2)与(3)的共同之处在于都只违反了标点符号制约假定(引号的使用)，但是(2)触发转喻解读，(3)却触发隐喻解读，这是为什么呢？原因就在于交际者可以发现(2)中"齐天大圣"的使用和理解基于概念之间的邻近关系，而(3)中的"齐天大圣"的使用和理解则基于概念之间的相似性关系：(2)用"齐天大圣"指代歌剧版《西游记》，是用歌剧中的人物指代歌剧本身，利用了部分代整体的邻近关系；与之相比，(3)中的"齐天大圣"指代玩杂耍的小猕猴，二者的共同点在于都是顽皮的猴子。所以，邻近性的识别才是转喻解读真正区别于其他非转喻解读(例如隐喻、夸张、反语等)的独特之处。

当听话人察觉到某些话语对标点、语义、语法的单个或组合违反时即启动非字面解读，若识别出某些概念间的邻近性关系时触发转喻解读(否则启动其他非字面解读)；当听话人未发现对制约假定的任何违反情况时则启动字面解读。就加工而言，转喻解读和非转喻解读没有先后顺序：总是先激活那些突显性较高的意义①。这个理论发现初步验证了2.3.3节提到的修辞语言加工的层级凸显假设(Giora，1997)。突显性表现为当时语境下的可及性高低，与情景知识、工作记忆中的上下文知识、长期记忆中的百科知识调用的难易程度有关，并可能受到使用频率、认知主体的个人经历等因素的影响(熊学亮，1999；杨子，2011)。

① 既可能是字面意义，又可能是规约性转喻义，因为两者的可及性都非常高。

4.3 指称转喻解读的竞争性选择

以往研究虽然探索了指称转喻解读的若干制约条件，却没有指出有些转喻词汇存在规约程度不同的意义，更没有回答如何从中选择特定的解读。

观察语料可以发现，一些转喻词语有规约程度不同的意义。例如“北京”：

(12) **北京**不再沉默：解放军新型远轰 405 震撼亮相

（中华军事网，2013 年 3 月 21 日）

(21) 菲律宾向国际法庭提交了反对中国对南中国海主权声索的证据，尽管**北京**警告此举会破坏双边关系。

（人民网，2014 年 3 月 31 日）

(22) **北京**—莫斯科：再一次握手

（人民网，2013 年 9 月 7 日）

(23) 灰霾压顶，对严控煤炭消费量和高耗能产业，**北京**显示出前所未有的决心。而在邻近的地方政府看来，大幅削减能耗的计划显得激进。

（中外对话，2013 年 8 月 13 日）

(24) 冠军之夜，莫里斯成了**北京**的支柱，砍下全场最高的 30 分，尤其在胶着的第四节，个人独揽 17 分，是北京队拿下总冠军的关键。

（《扬子晚报》，2014 年 3 月 31 日）

(25) 粤军加赛快棋不敌**北京**

（《南方日报》，2013 年 5 月 16 日）

(26) 在昨日的比赛中，最惊险的要数江苏对阵**北京**的比赛，经过五局鏖战，江苏女排 3∶2 逆转北京女排。赛后，连北京主教练蔡斌都连连摇头说：“第一场可能有点慢热了。我们有许多机会可以取胜，但却没有很好地把握住，我们在队员心态、掌握比赛节奏的能力上还是存在一定问题。”

（《沈阳晚报》，2013 年 7 月 11 日）

(27) 今起**北京**开刷“手机钱包”

（《北京青年报》，2013 年 7 月 22 日）

在以上各句中，“北京”分别指中国军方、中国政府、中国国家元首习近平主席、北京市政府、北京篮球队、北京象棋队、北京排球队和北京移动用户。对于“北京”这样意义丰富的指称转喻，交际者究竟如何选择具体的转喻意义呢？根据陈新仁(2008)的观点，认知为语用提供了可能性，而语用为认知提供了现实性。因此，笔者假定在理解转喻时，交际者主要根据百科知识、所谈论的话题找到一些潜在的解读候选项，再用制约假定等级体系评估这些候选项，进而确定哪一个候选项最终胜出为优选项。在选择特定的转喻意义时，可以假设如下两种情况：在理解规约程度较高的转喻意义时，交际者观察到熟悉的语用语言环境等即刻触发规约程度较高的转喻意义；在理解比较新颖的转喻用法时，交际者主要依靠当前话题和语境初步建立一些候选项，再从中筛选出同时满足认知和话题制约假定的优选项。不过，我们并不确定转喻词语所在的不同位置对于转喻意义的选择是否施加影响。指称转喻既可能出现在句首[例(12)]，又可能出现在句中[例(21)]或者句尾[例(25)]。为了控制可能影响转喻意义选择的关键词位置因素或者说避免关键词位置因素对转喻意义选择机制可能产生的影响，我们选择位于句中位置的、意义具有不同规约程度的指称转喻用法进行分析。

首先来看规约程度较高的转喻，以(21)为例：

(21) 菲律宾向国际法庭提交了反对中国对南中国海主权声索的证据，尽管**北京**警告此举会破坏双边关系。

（人民网，2014 年 3 月 31 日）

“菲律宾”“中国”“南中国海”等关键词所在的语境和关于南海争端的百科

知识对于交际者来说十分熟悉。继续根据“警告”一词对主语论元的语义限制，可以迅速判断此处“北京”即指“中国政府”，这是可及性最高的选项。其他的选项如“作为城市的北京”“北京市政府”“北京人”等均严重违反了话题制约假定，被迅速排除。

北京 / 候选项	认知	话题	语义	语法	标点
☞a. 中国政府			*		
b. 作为城市的北京		*!			
c. 北京市政府		*!			
d. 北京人		*!			

再来看转喻意义规约程度较高的另一例：

(23) 灰霾压顶，对严控煤炭消费量和高耗能产业，**北京**显示出前所未有的决心。而在邻近的地方政府看来，大幅削减能耗的计划显得激进。

(中外对话，2013/8/13)

(23)中，上文环境污染、控制煤炭产业的语境触发可及性最高的“中国政府”候选项，继续查看下文来验证，由于“邻近的地方政府”提示话题应为地方政府的所作所为，“中国政府”违反了话题相关性或连贯性而被放弃。同时，“北京市政府”产生为候选项，经评估同时符合认知和话题制约假定，胜出为优选项。其他的选项如“作为城市的北京”“北京人”均违反了话题制约假定而被放弃。

北京 / 候选项	认知	话题	语义	语法	标点
a. 中国政府		*!			
☞b. 北京市政府			*		
c. 作为城市的北京		*!			
d. 北京人		*!			

另外，“北京”指代“北京篮球队”也是规约程度较高的转喻用法：

(24) 冠军之夜，莫里斯成了**北京**的支柱，砍下全场最高的30分，尤其在胶着的第四节，个人独揽17分，是北京队拿下总冠军的关键。

（《扬子晚报》，2014年3月31日）

在该例中，“冠军”“北京队”等词所在的语境和关于美国篮球运动员“莫里斯”的百科知识提示了这里的“北京”指“北京篮球队”，这是可及性最高的选项，其他选项如“作为城市的北京”“中国政府”都严重违反了话题相关性或连贯性而被放弃，因此“北京篮球队”胜出为优选项。

北京 / 候选项	认知	话题	语义	语法	标点
☞a. 北京篮球队					
b. 作为城市的北京		*!			
c. 中国政府		*!			
d. 北京市政府		*!			
e. 北京人		*!			

上述三例是规约性程度较高的转喻，再来看一些规约度较低的转喻例子：

(26) 在昨日的比赛中，最惊险的要数江苏对阵**北京**的比赛，经过五局鏖战，江苏女排 3∶2 逆转北京女排。赛后，连北京主教练蔡斌都连连摇头说："第一场可能有点慢热了。我们有许多机会可以取胜，但却没有很好地把握住，我们在队员心态、掌握比赛节奏的能力上还是存在一定问题。"

(《沈阳晚报》，2013 年 7 月 11 日)

再以(26)为例，"比赛""对阵"等所在的体育竞赛语境提示这里"北京"指"北京队"，这时"北京篮球队"在交际者认知语境中可及性最高，列第一。继续查看下文，发现女排比赛的话题，"北京篮球队"严重违反话题遭淘汰，同时"北京女排队"产生为候选项，经验证符合认知和话题制约假定，胜出为优选项。其他的候选项不但可及性较低，均严重违反了相关话题而遭淘汰。

北京 / 候选项	认知	话题	语义	语法	标点
a. 北京篮球队		*!			
☞b. 北京女排队					
c. 作为城市的北京		*!			
d. 北京市政府		*!			
e. 中国政府		*!			
f. 北京人		*!			

最后，再来看非规约程度非常高的一例转喻：

(27) 今起**北京**开刷"手机钱包"

从今天起，北京移动的用户可以到指定营业厅更换 NFC-SIM 卡，有了这样一个移动支付的"神器"，今后出门时就不用携带市政交通一卡通了,因为后者的所有功能都集成在了 NFC - SIM 卡中,这是中国移动在全国布局手机钱包业务的重要一步。

(《北京青年报》,2013 年 7 月 22 日)

在(27)中,“北京”首先产生可及程度较高的“作为城市的北京”“中国政府”“北京市政府”“北京人”等选项,继续阅读,发现“开刷‘钱包’”,由于对主语论元的语义限制需要有生命力的人作为主语,因此剔除了不符合话题一致的“作为城市的北京”“中国政府”“北京市政府”等三项。继续查看正文语篇,发现这里的“北京”具体转指“北京移动的用户”,符合话题制约假定和认知制约假定,胜出为优选项;同时淘汰所指较宽泛的“北京人”。

北京 候选项	认知	话题	语义	语法	标点
a. 作为城市的北京		*!	*		
b. 中国政府		*!			
c. 北京市政府		*!			
d. 北京人		*!			
☞e. 北京移动用户			*		

通过上面对各例的关联—优选论的解读分析,对于位于句中位置的、规约度变化的指称转喻我们可以得出如下几点结论(表 4 - 3):

1) 对于规约程度较高的转喻用法而言,熟悉的话题、百科知识是启动熟悉转喻意义的关键,并且语义、话题也帮助最终筛选出合适的优选项。在解读的过程中,交际者产生的可及性最高的候选项/第一候选项是规约性转喻意义[1],即目标意义[(21)、(24)],或者其他的规约性转喻意义[2][(23)]。

2) 对于规约程度较低的转喻用法而言,则主要根据认知、话题相关性或连贯性、语义制约假定来筛选候选项,而可及性最高的候选项是规约性转喻意义或字面意义[(26)、(27)]。

为了验证本节对转喻意义如何选择的理论假设，笔者将在下一章的实验部分通过有声思维等方法进行探索。

表 4-3　理论分析中的转喻意义选择及解读顺序

	类别	位置	影响选择的制约假定	可及性最高的候选项/第一候选项
1	规约性转喻	句中	认知、话题、语义	规约性转喻意义[1]即目标意义/其他的规约性转喻意义[2]
2	非规约性转喻	句中	认知、话题、语义	规约性转喻意义/字面意义

4.4　本章小结

本章以基于关联—优选论的话语解读的理论框架为指导，利用汉语转喻语料探索了影响转喻解读的制约假定，考察了转喻解读与非转喻解读的发生条件及顺序，分析了转喻意义的选择问题。

笔者通过理论研究发现，触发转喻解读的同样有语言(标点、语义、语法)，语用(话题)和认知三类制约假定，它们构成了从低到高的等级体系；当交际者识别出话语中某些概念的邻近性，同时觉察到对标点、语义、语法的单个或组合违反时即启动转喻解读；转喻解读与非转喻解读无发生的固定顺序，而总是按照可及性高低来激活相应的意义；就转喻的意义选择而言，可能与转喻词语的句中位置和熟悉意义(字面意义/规约性转喻意义)的可及程度有关。这些理论发现都将在下一章实验部分进行检验。

第五章 指称转喻解读：基于关联—优选论的实验研究

本章介绍指称转喻解读的实验研究，对第四章指称转喻解读的理论分析结果进行检验。本章 5.1 首先提出关于转喻理解的三个研究问题，5.2 介绍预备研究情况，而后 5.3 详细介绍研究方法，包括受试、研究工具、数据收集与分析。最后，5.4 按照研究问题对实验结果进行分析与讨论，5.5 对第四章建立的基于关联—优选论的指称转喻解读模型进行调整。

5.1 研究问题

在指称转喻解读的理论分析部分，笔者探索了汉语语料中转喻解读与非转喻解读的触发条件以及如何选择特定的转喻意义的问题。理论分析发现，当话语违反语言制约假定（标点符号、语义、语法），并且对认知制约假定的遵守基于概念间邻近性的关系时，交际者会启动转喻解读。转喻解读与非转喻解读没有先后顺序：总是先激活交际者认知语境中可及性最高的意义。当某些词语有若干个规约程度不同的意义时，目标词的句中位置和熟悉意义（规约性较高的字面意义或转喻意义）的可及性高低会对目标转喻意义的选取起关键作用。另外，某些词语可能出现新颖的转喻用法，这

时解读的难度往往较大。

为了验证上述理论假设，本研究通过有声思维和访谈的研究工具对指称转喻理解的制约因素、具体过程等问题进行了探索。转喻的实验研究旨在回答如下三个问题：

1）转喻解读是如何触发的？

2）不同的转喻解读是如何选择的？

3）不同的转喻解读是否存在理解难度上的差异？

5.2 预备研究

关于有声思维研究工具的最终成型经历了初步研究的三个准备阶段。

第一阶段：意义的选择问题

在第一阶段，对指称转喻的理解笔者拟定了如下三个研究问题：

1）会不会有字面解读发生？如何确认有无字面解读？还是直接按转喻解读？

2）什么样的因素引发转喻解读而放弃或跳过字面解读？

3）不同的转喻在解读方面有无认知方面的差异？

经过理论分析，笔者发现将解读选择限定于字面意义和转喻意义之间并不正确，有时，同一个表达可能有多种转喻意义，甚至还有隐喻等其他的非字面用法。例如：

（1）**The Times** hasn't arrived at the press conference.

在(1)中，"The Times"可以理解为报社记者、报社发言人、报社主编、报社推销人员等不同的转喻意义。因此，对具体的词汇而言，转喻意义可能有许多种。在实验中，要考虑具体转喻意义的选择问题。另外，有些词语还有隐喻等其他非字面用法。例如：

（2）**The stick** is coming.

在(2)中，“the stick”在具体语境中既可用作转喻，例如用“stick”(棍子)指拄着棍子的某人，又可用作隐喻，例如用“stick”(棍子)指代瘦得像棍子一样的某人。

在这个阶段，笔者还设计了三份问卷，分别考察受试对转喻/字面用法的可接受程度(回答话语中违反什么制约因素不能接受)，新颖指称转喻的理解情况(回答是否跳过字面解读直接进行转喻解读)，对字面/规约性转喻意义/非规约性转喻意义的选择情况(回答有多种解读时，交际者倾向于优选哪个意义)。

根据三名受试对如上问卷的完成情况，笔者发现：1) 认知上不能投射到合适目标概念、认知上违反百科知识的情况可接受程度最低；2) 在理解新颖转喻时，受试往往直接说出目标意义[①]；3)在可选择目标意义的情况下，受试对关键词的理解不尽相同，这说明即便是理解同一个目标词语，对不同交际者而言，可及性最高的意义也有可能不同。因此，可及性是具有个体差异的，或许在实验中可得到证实。

第二阶段：制约因素的违反问题

在第二阶段，笔者首先调整了问卷中的关键词，排除了受试不熟悉和特别熟悉的转喻词语，因为前者可能造成阅读的困难，后者的转喻意义较为单一，不能呈现意义的多样性。经过调整，将关键词确定为“世界杯”、“红领巾”和“北京”。关键词的熟悉程度参考《现代汉语词典(第六版)》和通过网络搜索到的语料，词典里出现的意思或语料中频繁出现的用法即为熟悉的意义。例如，根据《现代汉语词典(第六版)》，“红领巾”作为名词使用，既可指红色的领巾，代表红旗的一角，少年先锋队的标志，又可借指少年先锋队员。所以“红领巾”这里的两个意项都是熟悉用法。

问卷的每一组例句包含字面解读、转喻解读 1、转喻解读 2、无解读、多种

① 这个结论不准确，后来经过观察，发现这些目标词的位置在句子里都处于句中或者句末。充足的语言语境可能充分提示了目标意义。

解读几类情况，通过让受试给出句子可接受程度的分值（1～5 分，接受程度从低到高），写出关键词的意思，不能接受的原因等来了解违反什么制约因素不能接受（回答除了认知以外还有哪些制约假定的违反很严重），违反各类制约因素的严重程度（回答制约假定的等级体系），以及有多种意义选择时倾向于选择哪种意义（回答可及性最高的意义）等问题。

第三阶段：前期实验（pilot study）

在前期实验阶段，主要对第二阶段问卷的例句进行了简化，调整为字面解读、规约性转喻意义解读、非规约性转喻意义解读、多种意义的选择四种类型。并且，将实验的形式改为有声思维，因为口头汇报比书面汇报更加能够反映同步理解情况。

前期实验采取了便利样本的抽样方法，选定 10 个受试，包括成人和儿童。选择这 10 个受试的原因是他们大多是笔者的同事或朋友以及他们的子女，方便进行数据收集。

成人组具有文科或理工科教育背景，本科或硕士或博士学历，平均年龄 30 岁左右，儿童组为 10 岁左右的小学生。选择 10 岁左右的儿童进行实验是因为该年龄的儿童已经具备基本的语言能力、认知能力，在话语解读方面与成人组进行比较或许可以获取一些新的见解。

实验开始时分别对他们用字面解读和隐喻解读的例句进行了培训，并用高质量的录音笔对整个实验过程进行录音。

有声思维的前期实验旨在回答下面三个研究问题：

1）对于双重用法的词汇而言，什么时候发生字面解读？什么时候启动转喻解读？哪些情况下既不可作字面解读，又不可作转喻解读？

2）转喻解读和非转喻解读产生的认知过程和语言与认知制约有何异同？

3）如何解释转喻解读的直接性和迅捷性？

为了更为详细地了解受试如何理解非规约性转喻或是有多种意义选择的情况或者表达不甚清楚的地方，笔者还通过后续访谈获得更详细的信息。访谈的问题都是即兴的，根据受试有声思维过程中对具体句子解读的情况提问。如"你觉得这里的意思是……，原因是什么？/你是怎么想的？"

经过对有声思维汇报和访谈语料的整理，笔者发现：

1）由于字面解读符合所有语言和认知制约假定，儿童和成人在通读句子时能迅速作出理解。

2）对于转喻的句子，儿童组和成人组都是通过观察语言语境、调用百科知识来判断为转喻意义的。但是，百科知识的可及性因人而异，对转喻解读的影响也较大。

3）对有多重意义的选择情况的回答较为类似，再次证明了听话人具备的百科知识对话语解读的影响，不过这与第一阶段可及性有个体差异的初步假设不一致，因此还需要在实验中进一步考察。

经过对前期实验结果的整理与思考，笔者认为还存在如下几个缺陷：

1）使用儿童作为受试不太合适，不能保证他们具备答题需要的词汇知识、百科知识。

2）问卷的例句设计中，没有给予充分的语境，因此从受试对话语理解的汇报中不能挖掘出充足的信息，例如语言制约下更详细的制约假定。

3）问卷的例句类型需要简化、调整，考虑字面、转喻以外的其他解读情况（隐喻等）显得烦琐，但需要增加更多转喻意义的情况，否则不能了解受试究竟如何选择特定的意义。

4）问卷的例句类型中需要补充无解读的情况，以此了解受试是否确实不能接受对某些高层级制约假定的违反。

5）考察转喻意义的选择问题时，没考虑例句中目标词的位置情况。目标词的位置因素可能对转喻意义的选择产生影响。

6）关键词的个数不需要很多，但是每个关键词下的例句类型要充足，各种情况都要涉及，例如要考虑多个规约性转喻意义或非规约性转喻意义的情况。

5.3 研究方法

本节包括参加有声思维和访谈的受试情况介绍、研究工具的介绍（有声思维和访谈）、数据收集与数据分析的方法。

5.3.1　受试

共有 7 名受试参加了有声思维和随后的访谈。受试均为东南大学在校学生或教师,通过有偿方式招募(受试的具体情况参见表 5－1)。在招募时,笔者提出受试需要具备相对外向的性格,这是因为在有声思维中性格外向的人更有可能持续产出话语。

受试具有文科或理工科的教育背景,本科或硕士学历,平均年龄 25 岁。选择 25 岁左右的成人进行实验是因为该年龄的群体已经具备较好的语言表达能力、认知理解能力、应变能力,能更好地胜任心理学实验的任务。

表 5－1　受试的具体信息

受试情况	性别	年龄	教育程度	专业
受试 1	女	24	本科	日语
受试 2	女	28	硕士	人文地理
受试 3	男	24	硕士	电磁场与微波技术
受试 4	男	25	硕士	电子与通信工程
受试 5	女	25	硕士	电磁场与微波技术
受试 6	女	26	硕士	对外英语教学
受试 7	男	23	硕士	电磁场与微波技术

5.3.2　研究工具

在语言研究中,各种研究方法都有其长处与不足,依据不同的研究目的可选择不同的研究方法(束定芳,2012)。本研究选取有声思维和辅助的访谈作为研究工具,原因如下:

1) 有声思维通过言语手段细致深入地考察语言的认知过程,这是一个独特的优势(Ericsson & Simon,1984)。与之相比,诸如眼动追踪、ERP 等研究方法主要是考察语言的刺激—反应关系,不仅不能从细节方面揭示其认知过程，而且用于设备投资、收集分析数据的花费较大。

2）根据有声思维汇报，人们可以“观察”特定的语言认知现象，从而检验已有的理论假设，或建立一些新理论模型。

3）有声思维的实验方法与本研究揭示指称转喻理解机制的研究目标十分契合。对指称转喻的理解必然涉及具体的认知操作过程或者说思维过程，深入挖掘其过程、策略及因素，这正是有声思维的优势所在。

5.3.2.1 有声思维问卷

经过前三个阶段的准备工作，有声思维问卷的最终版本终于成型。有声思维问卷的最终设计围绕三个研究问题，共分为两组句子，分别以“世界杯”“红领巾”为关键词。每一组句子均包含四个类别：字面解读、规约性转喻解读、非规约性转喻解读和无解读的情况；非规约性转喻解读其下又包含 3 个不同含义的情况（参见附录 2 有声思维问卷和附录 3 有声思维问卷的理论分析）。以“世界杯”为例，它既可以指世界杯的冠军奖杯、世界杯足球比赛，又可指世界杯足球赛的文件、世界杯赞助商提供的名表、印有世界杯的 T-shirt 等含义，规约程度逐渐降低。

两组句子都是基于自然语言的生造例子（artificial example），这样做是因为可以通过控制变量（各种制约假定、目标词的位置、转喻意义的规约程度）来了解启动转喻解读的各种情况，发现实际过程中交际者如何选择具体的意义以及理解的顺序、难度等问题。

在将问卷呈现给受试时，笔者特地打乱了两组中各句的排序（字面解读、规约性与非规约性转喻解读的呈现不按顺序），并且将两组分两页呈现，防止排序对受试理解关键词形成思维定式。

5.3.2.2 后续访谈问题

在有声思维的实验结束后，笔者对受试进行了后续访谈①。访谈中，笔者

① 文秋芳、俞洪亮、周维杰（2004）指出，在有声思维中虽然要求受试如实汇报心理活动，但是由于思维比讲话速度快得多，有声思维的受试不能百分之百报告其内心活动，为此，可以用后续访谈来挖掘更多的信息。

首先请受试标注了两组中每句话的可接受程度(1～5 分):1＝不能接受、2＝可以理解、3＝相对可以接受、4＝可以接受、5＝完全可以接受。然后就分值低的语句寻求解释。根据所标注的分值,笔者询问了一些句子可接受程度低的原因,理解关键词的因素以及非规约性转喻意义获取的顺序问题。

5.3.3 数据收集

2013 年 3 月 27 日、28 日,笔者分别对 7 名受试进行了有声思维的培训(参见附录 1),并用高质量的录音笔和带小支架的高清智能手机(三星 Galaxy S4)亲自收集了有声思维实验和后续访谈的数据。收集数据的环境为 20 m^2 的小教室,灯光明亮,环境安静,有助于受试在放松的环境下完成有声思维的实验。

为了进行有声思维实验,笔者选择了性格相对外向的 7 名受试,实验开始时用隐喻的例句对他们进行了培训(参见附录 1 有声思维培训),要求他们逐句汇报粗体字的意思和理解过程,并用高质量的录音笔对整个培训过程进行录音。培训时,笔者先向受试详细说明"有声思维"的意思,随后指出"提示"部分对完成任务的具体要求,然后请受试对几句隐喻进行阐述。当受试表示不理解要做什么或者怎么做时,笔者暂停培训并继续进行解释,直到受试明确表示已经理解后,再请他尝试说出对隐喻句子的理解过程。

对受试的培训主要是技术培训和心理培训。前者是让受试尽快熟悉如何完成有声思维的任务,后者是让受试心理上得到放松,可以顺利完成实验。

有 4 位受试在培训过程中提出了如下四个问题:

(1) 汇报要说多久? 需要说多少内容?

(2) 是边看边说还是看完再说? 说的过程中能否有停顿? 思考时天马行空的信息要不要汇报?

(3) 在汇报的过程中前后理解有偏差时怎么办?

(4) 是一个字一个字地说吗?

笔者对这四个问题回答如下:

(1) 口头汇报与思考同步,汇报时注意完成任务的具体要求,思考结束汇报即结束，自行停止。

（2）汇报是边看边说，可以出现正常的停顿，只要是大脑里想到的信息都要毫无保留地汇报。

（3）前后理解有偏差时，对意义的修正也要如实地说出来，不要隐瞒。

（4）汇报按照对自然语言的处理单位自然地进行。

在7位受试的培训中，有3位培训了四句，其余4位仅培训了前两句就达到了要求。

在培训中，主要存在的问题有4个：

（1）有些受试仅对关键词的意义作了过多的解释，但是没有说明根据什么因素来判断词义。

（2）培训开始时，不少受试是在读完整句话才开始讲述关键词的意义，是事后反应，不是同步解释。

（3）有些汇报比较笼统，不够详细。

（4）有1名受试在培训过程中出现了较长时间的沉默。

笔者分析出现上述问题主要是由于部分受试没有理解任务的内容或不明白如何操作任务造成的，笔者将存在问题的录音片段回放，和部分受试一起探讨什么才是好的口头汇报，并再次强调要在看到文字的同时说出意思，思考到哪儿就说到哪儿，不能有所保留。

在顺利完成培训后，正式进入有声思维实验的阶段，该过程同时用高质量的录音笔和高清手机进行录音和拍摄。实验开始前，进行拍摄的高清手机用小三角支架置于讲台上，受试正坐于面对讲台两米开外的带写字板的椅子上，录音笔置于受试附近的另一张椅子的写字板上。因录音和录像设备距受试较远且体积不大，笔者判断不会影响受试的情绪。

在笔者给出明确的指令后，受试将问卷放在写字板上开始阅读和汇报。为了防止其他句子的干扰，受试在汇报一句的时候用白纸遮住下一句。有声思维问卷分为两张，在一张完成时，暂停片刻，由笔者发放另一张，实验继续进行。整个汇报过程连续不间断，在受试明确表示结束时，笔者宣布停止实验，同时终止录像和录音。

在随后的访谈中，笔者主要就句子的可理解程度和非规约性转喻意义的获取顺序问题进行提问,整个过程用录音笔记录。笔者首先请受试在问卷上标明各句可接受的分值(1～5分),并就个别分值低的句子进行提问,寻找可接受程度低的原因。对有声思维汇报比较笼统的受试,笔者还详细询问了理解关键词的因素有哪些。

5.3.4 数据分析

在实验结束后,笔者对有声思维汇报的录音数据进行了转写(参见附录4有声思维汇报转写材料)。转写严格遵守完整、忠实、可靠的原则(郭纯洁,2007)。从完整性上来说,笔者对有声思维的声音数据从头至尾进行了转写,包括了各种语言信息和非语言信息,例如后者中的停顿、声音变化等均用文字进行了说明。从忠实性角度来说,笔者根据录音和录像反复核对转写下来的文字,不人为增删。从可靠性来说,转写的文字是与录音、录像的内容一一对应的。

在转写的过程中,笔者用省略号标注了受试短暂停顿的时间,3秒内的用(…)表示,3秒以上的用(……)表示。并且,笔者对填充停顿(filled pause)用(嗯..)或(嗯…)等进行表示,前者表示填充停顿1～2秒,后者表示填充停顿2～3秒。对于受试重复话语、修正话语等现象,均如实转写在文字中。转写结束后,笔者按各组例句的呈现顺序对所有语料进行了分段。

在分析汇报数据前,笔者对转写的数据进行了评估和整理。笔者认为,所有有声思维汇报的数据均符合有效性和可信度。从研究者角度来说,笔者严格按照有声思维实验操作的规范收集了数据,没有引导受试完成任务,在转写时也严格遵照了有声思维数据转写的规范要求。从受试的角度来说,他们在实验前接受了技术和心理培训,在数据采集时也有着合作的态度,在测试的过程中没有意外的情况发生。从录音、录像的质量来说,所有的声音、图像都是高清的,单个受试在完成任务时的沉默时间不超过其总体完成时间的10%。

在对数据的有效性和可信度完成逻辑评估后,笔者对转写的语料进行了整理。将两组11个句子的汇报按例句的排列顺序进行了归类和整理,也就是说,同一个句子下有7个不同的汇报。接下来,对语料进行去粗取精,寻找理解过程中可能提及的理解因素如语言知识、百科知识、语用知识等，关注停顿和声音的变化等非语言信息，后者可能说明了思考的难度。同时，笔者还关注了受试在理解中如何启动、选择具体的意义，特别关注了那些出现意义修正的地方。

对录像数据的整理，主要通过察看人物画面来寻找比较特殊的身体语言。特殊的身体语言可能说明理解时出现困难的情况。在整理拍摄数据时，排除了那些没有身体语言的画面和一些习惯性的身体语言(边说边做手势、阅读时用手顺着纸上文字移动、习惯性地用手托下巴)的画面。

5.4 结果与分析

本节按三个研究问题的顺序报告实验的结果，并进行分析。

5.4.1 转喻解读的触发情形

5.4.1.1 违反标点符号制约假定触发的转喻解读

受试在有声阅读句子的过程中，明显注意到了关键词加引号或者书名号的用法，这种标点符号制约假定被违反的情况提醒他们应启动转喻解读。例如：

(2-5)①**“红领巾”**由一支教学经验丰富，深谙教育规律的专家团队创建，在市区有8大校区，优秀专职教师350多名。

受试1：第五句红领巾由一支教学经验丰富，深谙教育规律的专家团队创建，这里**红领巾加引号**嗯…可见嗯它并非指的是红领巾这个物体本身。

① 序号2-5表示第二组第5句。

在对“红领巾”进行理解时，受试 1 明确指出其引号的用法提示须放弃字面解读的方式。再如：

(1-5)南非世界杯期间，各界名流都爱佩戴**“世界杯”**。

受试 3：我觉得这个**世界杯**嗯给我感觉应该是一种像像首饰一样的，比如说首饰或者是应该是相对来说高端一点的东西，因为他他前面写的是各界名流，他既然说指出了这个名流我就感觉，**而且加了个引号**，应该就是属于说是嗯比较价值比较高一些，就是普通人可能就是说是认为比较昂贵、比较奢侈的一些东西。名流喜欢佩戴的那种可能是一些代表着有点潮流性的一些东西吧。

受试 3 在口述时将“世界杯”理解为首饰一样的高端的东西，并且提及关键词“加了个引号”，这说明引号的使用在触发转喻解读时起到了提示作用。

通过观察还可发现，书名号也对启动转喻解读起到一定的作用。例如：

(2-2)小王昨天买了**《红领巾》**，高年级版适用于 3—6 年级，低年级版适用于 1—2 年级，62 年来受到家长和儿童的好评。

受试 5：小王昨天买了《红领巾》，**这个红领巾外面有一个书名号**，可能就是一种小学生或者是初中生就是青年，就是小朋友的读物吧。

受试 5 等人在阅读该句时，明确指出“红领巾”加上了书名号，立刻将其理解为一种读物，这说明书名号在触发转喻解读时也起到一定的作用。

从上面的分析来看，交际者会注意到标点符号制约假定被违反的情况，特殊的标点符号(引号、书名号)在触发转喻意义中起到了一种提示或暗示的作用。这验证了理论分析部分标点符号制约假定的存在，并可对其进行一定的调整。

标点符号制约假定：(汉语书面语中)词语甚至更大的语言单位不允许带有引号或书名号。

5.4.1.2 违反语义制约假定触发的转喻解读

语义规则的违反或遵守是受试判断转喻意义的另一个重要因素。例如：

(1－5)南非世界杯期间，各界名流都爱佩戴“**世界杯**”。

受试1：嗯第五句，南非世界杯期间各界名流都爱戴世界杯，都爱佩戴世界杯，嗯…可见嗯世界杯在这里，从**佩戴**一词我们可以看出它已经变成了一个呃一个**勋章**，或者，或者一顶**帽子**，嗯，它作为一个嗯作为一个**饰品**，嗯…作为一个饰品，嗯被人们，嗯被人们物质化，嗯形象化，它的影响力已经无处不在。

受试1在汇报如何理解“世界杯”时，明确指出了“佩戴”一词暗示宾语应该是“勋章”或“帽子”或“饰品”，这说明目标词对语义制约假定的违反在确定转喻解读时起到一定的作用。再如：

(1－2)第20届**世界杯**将在巴西起草。具体赛程及各场比赛的举办地、举办时间随后将由国际足联公布。

受试2：嗯，第二，第20届世界杯将在巴西起草嗯..嗯..嗯巴西世界杯嗯是一个比赛嗯那么它嗯比赛需要有一些规程和一些章程，那么嗯..还有一些细则嗯，所以嗯**这些细则将在巴西起草**，那么具体赛程以及比赛的举办地、举办时间等将由国际足联公布。

从语义搭配上来说，“世界杯—起草”显然违反了“起草”对主语论元的语义限制，因为我们知道“起草”的东西应该是一些文件。受试2在理解该句时，根据“起草”联想到比赛的规程、章程、细则，由此可见她一定留意到了“世界杯比赛—起草”对语义制约假定的违反，并立刻启动转喻解读。再如：

(1－4)小朱穿着**世界杯**在大街上散步。

受试 5：小朱**穿着(加重语气)世界杯**…这个意思世界杯是一个衣服吗？这个不太理解，在大街上散步，可能意思是说，印着世界杯的衣服吧他穿着一件。

从受试 5 在读到“穿着世界杯”时，着重加强了“穿着”二字的语音，说明她已经注意到“穿着一杯子”违反了常规的语义搭配，因此在思考两三秒之后，带着疑惑的语气说出“世界杯”可能指一件衣服。

所以，一旦发现对语义制约假定的违反，在适合的语境下要启动转喻理解。这个发现验证了第四章理论分析中对语义制约假定的归纳：

语义制约假定：语句中的语义组合不可违反选择限制。

不过，理论分析中提到了违反语义制约假定的两种情况：(1) 违反动词对主语或宾语论元的语义限制；(2) 依存和自主关系中的语义冲突。然而，在实验中未发现第二种情况，这可能与有声思维的问卷设计中缺乏该种情况有关。

5.4.1.3 违反语域[①]制约假定触发的转喻解读

在转写的语料中，笔者发现了一类新的制约假定——语域制约假定。在汇报中，有些受试会阐明自己如何按照句中某些特定的词汇/术语理解相应的关键词。例如：

(2-5)**“红领巾”**由一支教学经验丰富，深谙教育规律的专家团队创建，在市区有 8 大校区，优秀专职教师 350 多名。

受试 3：红领巾由一支教学经验丰富，嗯，看到这儿，应该是，怎么说呢，**感觉他说教学经验丰富，肯定说是老师了嘛，肯定就是老师，**感觉这个红领巾好像就是那种给我感觉乐于助人的一些老师组成的一个就是那种像助教队伍一样，就是去支教的队伍一样，我是这种这样感觉的，因为这

① 根据《朗文语言教学及应用语言学辞典》(*Longman Dictionary of Language Teaching and Applied Linguistics*)第 3 版第 582 页内容，语域指特定的某一群体的人所用的一种言语变体，并且某一语域区别于其他语域通常表现在它拥有一部分区别性的词汇。

个红领巾这个给人的感觉给人的印象，就是正面正派的一种形象，嗯，是相符合的嘛，这种乐于助人支教的这些老师们。然后，**深谙教育规律的专家团队创建，在市区有** 8 **大校区，优秀专职教师** 350 **多名**，嗯，他这儿就能确定他就是由教师组成的，但是就是说具体的应该就是应该就是属于有点给人的感觉就是有点帮助人的那种意思。

在理解关键词时，句中目标词与其他词语所在语域的不一致提示了应如何进行解读。从受试 3 的汇报可以看出，他主要依据“教学经验”所在的语域来猜测“红领巾”的含义，认为“红领巾”是与老师有关的意思，而非与“少先队员”有关的意思。再举一例：

(1－6)小朱很喜欢跳舞，经常看**世界杯**。

受试 5：小朱很喜欢跳舞，经常看世界杯，**他前面说了喜欢跳舞，这儿说的世界杯喜欢看世界杯**，前后两句应该是有关联的吧，这儿世界杯可能说的就是这个…**跳舞界的世界杯，可能跳舞界也有这样的一个比赛**…但是还是不确定是不是前后是有这样一个的关系。可能他说的这一个是一个并列句，说小朱很喜欢跳舞，而且同时他比较喜欢足球，所以经常看世界杯。

从受试 5 的汇报可以看出，她显然注意到“跳舞”与“世界杯”所在语域的冲突：“跳舞”是娱乐性语体中的术语，而词汇“世界杯”总是与“足球比赛”的体育赛事相关。在理解这个前后缺乏关联性的语句时，她试图就前后句建立一种联系。她根据“跳舞”所在的语域对“世界杯”进行了推理，即将“世界杯”置于“跳舞”的语域中进行理解。

另外，有一名受试在后续访谈中提到“去红领巾看大型冰雕魔幻节”这句中的“红领巾”用法较奇怪，不适合作为娱乐场所的名字。笔者认为这是因为该受试意识到了“红领巾”所在语域与“冰雕魔幻节的娱乐场所”不一致造成的这种感觉。

总之，这些发现提出了第四章理论分析中没有的制约假定，我们称之为

"语域合适性或得体性制约假定"。其具体内容如下:

语域制约假定:术语的使用必须符合默认的语域。

5.4.1.4 话题和认知制约假定的违反情况

值得一提的是,在理解第一组第六句时,有三个受试对"世界杯"作了转喻解读,这出乎了笔者的意料,因为该句原先是设置为一个无解读的情况。

(1-6)小朱很喜欢跳舞,经常看**世界杯**。

受试5:他前面说了喜欢跳舞,这儿说的世界杯喜欢看世界杯,**前后两句应该是有关联的吧**,这儿世界杯可能说的就是这个…跳舞界的世界杯,可能**跳舞界也有这样的一个比赛**…但是还是不确定是不是前后是有这样一个的关系。

受试6:第六句,呃小朱很喜欢跳舞经常看世界杯,嗯…,很喜欢跳舞这还是一个,小朱很喜欢跳舞(类似默念,音量低)。世界杯给我第一个感觉就是一场一场的比赛。**很喜欢看跳舞的话,让我联想到了世界杯的呃**…一般都会给我们留下深刻印象是他的嗯主题曲。所以,它的主题曲一般都是非常呃…非常有激情的,因此嗯…**他这个跳舞的话,可能是和音乐相关,经常看世界杯也是,**这就更侧重于**世界杯的一些关于音乐或者是呃运动员的一些呃内容**吧我想,没有了。

受试7:第六句,小朱很喜欢跳舞,经常看世界杯,(清嗓子)这里这个世界杯,是指世界呃就是全球性的这个呃国际呃世界杯国际足联举办的足球这个这个全球性的足球竞赛。呃,他说小朱很喜欢跳舞,那说明了…**噢,不对,不对,他前面说小朱很喜欢跳舞,经常看世界杯,那这个世界杯应该是指呃一种…跳舞的或者说是舞蹈的比赛。**呃,他说小朱很喜欢跳舞,因为很喜欢跳舞所以说小朱他也会经常会看这种相关的这种舞蹈竞赛,这种舞蹈比赛。呃,而这种比赛就叫作世界杯。这个世界杯是指应该是指全球性的一种舞蹈的竞赛。好结束。

受试5、受试7在汇报时明显指出了前后句要具备关联性也就是连贯性,进而将“世界杯”解释为“跳舞的世界杯”。这说明了在通常交际情况下,交际者总是会假设话题相关性/连贯性的存在,并根据相关话题对转喻词语进行理解。这验证了**话题相关性/连贯性制约假定的存在和不可违反性**:

话题制约假定:话语不能违反话题相关性或连贯性。

从受试5、6、7三人的回答还可以看出,即便在话题明显缺乏相关性或连贯性的情况下,交际者仍然可以设法去建立一种认知上可能的目标意义,该目标意义使得前后句之间重新具备一定的相关性。这不仅印证了认知为语用提供可能性,语用为认知提供现实性(陈新仁,2008),也证明了认知制约假定的等级高于话题相关性或连贯性制约假定(认知制约假定≫话题制约假定)。该例验证了第四章中对认知制约假定的归纳:

认知制约假定:转喻的目标概念必须与来源概念位于同一认知域中,并且具有邻近关系。

再来看一个例子:

(2-3)突然狂风大作,那条陈旧的**红领巾**摇摇欲坠,随时有可能砸伤行人。

受试3:突然狂风大作,那条陈旧的红领巾摇摇欲坠,呃我感觉这个好像是我现在感觉是好像就是那种实体的那种红领巾……然后,随时有可能砸伤行人…,这个就就有点不理解了,因为我觉得这个红领巾应该是布布质的呀。这样我感觉到,哦看到这儿,我感觉这个他说陈旧的红领巾我感觉可能是**类似于雕塑之类**的吧。就是因为红领巾它那个面积比较大吧,它要做的标准因为面积比较大,它承受风的面积也比较大,风一吹如果是整个面去承受这个来自于风的这个个力的话,它应该是可能是要把它吹倒,然后这种这个雕塑有可能就是说随时砸伤行人,因为好像在别的地方也见到过那种就是说类似于红领巾这一块布的或者国旗之类的那种雕塑也都有。都有就是它只有一面,它承受风吹承受风的量级应该是比较小的。

第二组第三句也是一个设计为无解读的句子，该句明显违反了话题相关性或连贯性制约假定，因此大多数受试在汇报时说明不知道这里的“红领巾”具体指什么，一些受试猜测它是与红领巾有关的重物。受试3在汇报中指出，“红领巾”可能是指一个类似“红领巾雕塑”一样的东西，而忽略了“红领巾”前面的量词“条”，这或许说明只要认知上具有可行性、语用上具备连贯性，语法原则是暂且可以不考虑的。这个例子或许说明了认知制约假定和话题制约假定的等级均高于语法制约假定。

随后的访谈中，也有3名受试提到了“先验知识”“常规知识”“语境”“动词、名词、搭配”“词本身的意思”等因素构成了转喻理解的要素，再次证明了认知、话题、语域、语义制约假定的违反是触发转喻理解的主要因素。

5.4.2 不同转喻解读方式的选择

对同一个转喻词汇如何选择特定的转喻意义，我们分两类进行考察：规约性和非规约性转喻。由于要控制位置变量，我们主要关注位于句中的指称转喻。

首先来看位于句中的规约性转喻如何理解。笔者发现多数受试在理解规约性转喻用法时，只提到了可及性最高的规约性意义，并说明如何根据背景知识进行理解。例如：

(1－1)2014年**世界杯**将在巴西举行。

受试7：第一句2014年世界杯，啊世界杯这个我们都知道就是呃世界性的主要性的全世界各大洲都会参加的**一个全球性的呃足球竞赛**。呃，知名度非常大，**是4年举行呃4年举行一次**，呃，将在巴西举行。

受试7等5人在理解规约性转喻“世界杯”时，不光指出了世界性足球竞赛的意义，还具体说明了“世界杯”的一些背景知识，这说明了背景知识在选择规约性转喻意义中起到关键作用。另外，还要指出的是，有两位受试在理解该句时提到了“世界杯”的字面意义。

受试 2:2014 年世界杯嗯世界杯是嗯..让我第一想到的就是一个**奖杯**,那么嗯它是一个足球比赛嗯最终获奖的一个奖杯,那么嗯最终我们就用它来嗯形容一个比赛,那么它也成了一个最终成了一个足球比赛的代名词,那么它将在巴西举行。

受试 3:2014 年世界杯将在巴西举行,就是世界杯因为我看看足球比较多,哎我就知道这个世界杯一看就知道足球赛事,就是我会联想到**大力神杯**,就是说是球员得了冠军之后拿到那个大力神杯在我脑海中就是那个就象征着世界杯。就是只要是喜欢足球的,这个就是足球界的最高荣誉。

"奖杯"或"大力神杯"出现在受试 2 和受试 3 的汇报中,这或许说明了即便是规约程度非常高的转喻用法,规约程度同样较高的字面意义还是会作为解读的候选项出现。受试 2 的描述从"奖杯"转到"比赛",而受试 3 则先后提到"赛事"和"奖杯",这说明了即便是同一个转喻词汇,对不同交际者而言可及性最高的解读候选项也可能不一样。

我们再来看一例:

(2-1)因为上课调皮红领巾让老师没收后,小明被周围的人看不起,认为他不配当**红领巾**。为此,小明感到很沮丧。

受试 6:因为上课调皮红领巾让老师没收,**红领巾我因为小学都佩戴过**,所以我知道是佩戴在身上代表是少先队员的一个,一个象征的一个东西。小明被周围的人看不起,认为他不配当红领巾,嗯..,**小时候经常…写作文会说做了好事以后会对对方说我叫红领巾**,所以这个红领巾就是说这个人的,啊他代表一个,应该是代表一个比较优秀的少先队员,为此小明感到很沮丧。

受试 4:第一句,因为上课调皮,红领巾让老师没收,红领巾红领巾应该是佩戴的红色的东西,小明被周围的人看不起,认为他不配当红领巾,**那么这个红领巾应该是人们当的一种角色**,应该是少先队员之类的。为此,小明感到很沮丧。

从受试 6 和受试 4 的汇报可以再次发现百科知识,特别是个人经历对理解规约性转喻意义起到了关键的作用,同时语义知识(当＋角色)也参与选择了规约性转喻意义。

从上面对两个规约性转喻用法的归纳分析,我们可以得出这样的结论:熟悉的百科知识在选择规约性转喻意义时发挥重要作用;因为规约性程度特别高,熟悉的转喻意义总是迅速胜出为最终的解读项。在此过程中,规约程度也较高的字面意义可能同时出现为解读候选项并迅速遭到淘汰。

这样的实验结果证实了第四章理论分析部分对规约性转喻的解读分析:规约性指称转喻的解读较少或根本不依赖语境。最重要的是,我们发现理解规约性指称转喻的关键在于对认知制约假定的遵循,并参考语义制约假定。并且,在理解的过程中,熟悉程度较高的字面意义和转喻意义一起作为解读候选项出现。不过,实验结果并不能证明可及性最高的选项究竟是字面意义还是规约性转喻意义,这可能会因人而异。

下面来看非规约性转喻如何得到理解。

笔者在分析有声思维转写数据时发现,认知、语域、话题、语义、标点符号制约假定引起不同转喻意义的选择,并且当目标词位于句中不同的位置时,起作用的制约假定也不同。不过,为了控制转喻词语的位置变量对意义选择的影响,我们在这里仅考察目标词位于句中的例子:

(1－4)小朱穿着**世界杯**在大街上散步。

受试 3:小朱穿着世界杯在大街上散步,我觉得这个世界杯应该是一种,就是说是嗯比如说他把这种文化象征比如说印印在衣服上那种感觉,**因为他说小朱穿着,他肯定就是说是衣服啊,或者是鞋子或者是帽子之类的,**他肯定就是说可能有个世界杯之类的世界杯的那种 logo,因为**每届世界杯它都有些官方的一些宣传啊或者吉祥物啊**或者是什么呃..那个**每个赛事都有自己的那种就是一个那种徽章,那种类似的东西吧,**就是它可能是印着一个那种东西,就是说他穿着世界杯我就感觉这个世界杯应该是穿在身上的一种服饰。

从受试 3 的汇报可以发现，他主要依据“穿着”对宾语的语义限制来筛选出目标意义，并且还联系了对于世界杯赛事吉祥物的一些百科知识来进一步验证目标意义。再来看其他的例子：

(1-2)第 20 届**世界杯**将在巴西起草。具体赛程及各场比赛的举办地、举办时间随后将由国际足联公布。

受试 6：第二句，第 20 届世界杯将在…巴西起草，嗯..，世界杯巴西起草，嗯，这个**起草**的话（音调高）我的理解就是**这个世界杯它可能，就是关于一些更具体的一些内容，因为起草让我联想到**它可能是对于**这个世界杯的整个细节，包括像呃..哪些小组啊，哪些小组之间比赛啊，哪些比赛啊，用什么场地啊之类的，**所以这个世界杯可能就是不仅仅是只是形容这个这整个比赛，而是**在比赛之下，包括更细节的比赛各方面的内容。具体赛程及各场比赛的举办地，啊这就印证了刚说的关于起草让我联想到的这个细节，**就是包括了赛程和地点还有举办时间随后将由国际足联公布。**嗯举办时间随后将由国际足联公布（声音放低，思索状），就是也是一样的，关于赛程还有地点还有时间这些细节内容。**嗯结束。

受试 6 在汇报时将“起草”重复读了两三遍，最后一次还伴随音调升高，说明“起草”一词的语义限制在选择目标意义中发挥重要作用。另外，她还根据百科知识猜测了起草世界杯比赛的具体内容可能涉及的一些细节，并通过下文语境进行验证。

以上两例说明了语义、认知、话题、语域制约假定对句中的非规约性转喻选择目标意义发挥重要作用。那么交际者在理解位于句中的非规约性转喻用法时会激活哪些解读候选项呢？我们来看几个例子。

(1-4)小朱穿着**世界杯**在大街上散步。

受试 1：下一下一个第四个，小朱穿着世界杯在大街上散步，小朱穿着世界杯在大街上散步，嗯..由此可见，世界杯这样一个**体育赛事**，现在它作为一件，**一件衣服或者一个衣服的 logo，现在被人们穿着**在大街上，可见嗯..人们对世界杯的狂热程度和嗯热衷热衷的大小多少嗯…世界杯的影响力已遍布世界各地。

从受试 1 的汇报可以发现，在理解非规约性转喻“世界杯”时，规约程度较高的转喻意义“体育赛事”首先出现为解读候选项，但是被迅速排除，然后目标意义被锁定为带有“世界杯 logo”的“一件衣服”。受试 1 迅速剔除作为“赛事”的意义，这大概是因为“穿着”对宾语论元“衣服”的语义限制。

再来看其他人对同一题的回答：

受试 2：第四，小朱穿着世界杯嗯..嗯**世界杯这个这个奖杯的这个图形**对大家来说都非常熟悉，那么小朱**穿着世界杯这个图案的这个衣服**嗯在大街上散步就就显得他是一个他是一个球迷。

从受试 2 的汇报可以看出，受试 2 的认知语境中首先出现了可及性最高的“奖杯”，之后迅速切换到“奖杯的图形”，再到目标意义“世界杯图案的衣服”。

笔者将受试 2 与受试 1 的汇报进行比较，结果发现即便是理解同一个转喻词语，可及性最高的解读候选项也具有个体差异。不过，相同的是，语义选择限制对选择目标意义发挥了重要作用。

再来看同一受试对其他例句的汇报：

(1－2)第 20 届**世界杯**将在巴西起草。具体赛程及各场比赛的举办地、举办时间随后将由国际足联公布。

受试 2：嗯，第二，第 20 届世界杯将在巴西起草嗯..嗯..嗯巴西世界杯嗯是一个**比赛**嗯那么它嗯比赛需要有**一些规程和一些章程**，那么嗯..还有一些细则嗯，所以嗯这些细则将在巴西起草，那么具体赛程以及比赛的举办地、举办时间等将由国际足联公布。

从受试2的汇报可以看出,她首先联想到了规约程度较高的转喻意义“比赛”,然后迅速联系到“比赛的规程和章程”以及“细则”,这或许是因为语义上“起草”对主语论元的语义限制。对比受试2对(1-2)和(1-4)的阐释发现,可及性最高的解读项出现了变化,可见可及性高低是动态变化的,且受到一些因素的影响,我们将在本节后半部分进行讨论。

通过上述分析可以发现,当非规约性转喻“世界杯”出现在句中的位置,受试在理解时首先会想到规约程度较高的转喻意义或字面意义,然后迅速排除,同时根据语义、认知、话题、语域制约假定来建立并确定非规约程度较高的转喻意义。

观察非规约性转喻解读的转写语料还可以发现,受试在寻找非规约性转喻意义时不是随意的,而是具有一定的方向性。例如:

(2-2)小王昨天买了**《红领巾》**,高年级版适用于3—6年级,低年级版适用于1—2年级,62年来受到家长和儿童的好评。

受试5:小王昨天买了《红领巾》,**这个红领巾外面有一个书名号,**可能就是一种**小学生**或者是**初中生**就是**青年**,就是**小朋友的读物**吧。高年级版适用于3—6年级,这应该是和前面我猜想的没有什么错误,低年级版适用于1—2年级,62年来受到家长和儿童的好评。这样综合来看的话,它确实是这个红领巾**确实是一个就是小朋友的读物**,然后适用于1—6年级,而且还分了低年级和高年级版。

受试2:第二小王昨天购买了红领巾,嗯这个红领巾可能是适合嗯,因为它是红领巾,红领巾是一个**少年先锋队员所佩戴的饰物**,那么也曾也可用来指代这个**中国少年先锋队**,而**少年先锋队他的年龄层次一般是在读小学左右的这个少年阶段**,所以嗯所以红领巾嗯加了这个书名号那么估计是**适合这个少年读的一些读物**。那么它是高年级版适用于3—6年级,低年级版适用于1—2年级,62年来受到了家长和儿童的好评。

从受试5等人对该句的汇报可以看出,书名号直接提示关键词“红领巾”

应理解为一本书，并通过下文话题语境进行检验。受试5在理解“红领巾”的非规约性转喻用法时，还试图将目标意义与规约性转喻意义“少先队员”所代表的群体进行关联，这从“小学生”“小朋友”“小朋友的读物”等词可以看出来。受试2对该句进行理解时，首先提及了“红领巾”作为“饰物”和“少先队”的两个候选项，继而联想到其年龄层次并根据书名号迅速切换到“少年读物”这个候选项。上述两例说明，交际者在理解非规约性转喻意义时，总是试图从规约程度较高的意义出发来寻找目标意义。

从上文对两类转喻解读的归纳分析，我们可以得出这样的结论：

(1) 对于规约性转喻而言，人们主要依据认知制约假定中的百科知识和语义制约假定进行理解，字面意义可能作为可及性最高或次高的候选项出现并被迅速排除；

(2) 对于非规约性转喻而言，当关键词处于句中时，主要是语义、话题、语域、认知制约假定参与，迅速排除规约性转喻意义或字面意义，并选择目标意义。

值得注意的是，无论对于哪种转喻用法而言，理解过程中可及性最高的候选项(或为规约性转喻意义或为字面意义)可能出现一些变化。那么影响可及性高低的因素有哪些呢？我们来看几个例子。

(1－1)2014年**世界杯**将在巴西举行。

受试2:2014年世界杯嗯世界杯是嗯..让我第一想到的就是一个**奖杯**，那么嗯它是一个足球比赛嗯最终获奖的一个奖杯，那么嗯最终我们就用它来嗯形容一个**比赛**，那么它也成了一个最终成了一个足球比赛的代名词，那么它将在巴西举行。

受试3:2014年世界杯将在巴西举行，就是世界杯因为我看看足球比较多，哎我就知道这个世界杯一看就知道**足球赛事**，就是我会联想到**大力神杯**，就是说是球员得了冠军之后拿到那个大力神杯在我脑海中就是那个就象征着世界杯。就是只要是喜欢足球的，这个就是足球界的最高荣誉。

受试2在理解世界杯时，先后说出了“奖杯”和“比赛”两个候选项，而受试3则先后提到“赛事”和“大力神杯”两个候选项，说明不同的受试即便在理解同样的话语时，产生的可及性最高的解读项也可能不一样。这很可能是认知主体个人经历的差异引起的，因为受试3(男性)口述时提到“就是世界杯因为我看看足球比较多，哎我就知道这个世界杯一看就知道足球赛事”。不过，对于不同交际者而言，长时记忆中的百科知识都构成了影响可及性的重要因素。

从上例可以发现，可及性程度受到认知主体个人经历和百科知识的影响。那么对于同一交际者来说，可及性又受到哪些因素的影响呢？通过观察发现，即便同一受试理解具有同一目标词的不同句子，产生的可及性最高的候选项也可能有些差异。这些差异是由工作记忆中的上下文知识造成的。以同一受试对不同句子中“世界杯”的理解为例：

(1-2)第20届**世界杯**将在巴西起草。具体赛程及各场比赛的举办地、举办时间随后将由国际足联公布。

受试2：嗯，第二，第20届世界杯将在巴西起草嗯..嗯..嗯巴西世界杯嗯是一个**比赛**嗯那么它嗯比赛需要有一些**规程**和一些**章程**，那么嗯..还有**一些细则**嗯，所以嗯这些细则将在巴西起草，那么具体赛程以及比赛的举办地、举办时间等将由国际足联公布。

(1-4)小朱穿着**世界杯**在大街上散步。

受试2：第四，小朱穿着世界杯，嗯..嗯，世界杯这个这个**奖杯**的这个**图形**对大家来说都非常熟悉，那么小朱穿着**世界杯这个图案的这个衣服**嗯在大街上散步就就显得他是一个他是一个球迷。

从受试2对两句的理解可以看出，对第二句中目标词的理解是从“比赛”变化到“比赛的细则”，而对第四句中目标词的理解则从“奖杯”转换到“带有世界杯图案的衣服”。第一候选项的不同很可能是由工作记忆中对上文的处理造成的，因为(1—1)、(1—3)两句中“世界杯”分别指“足球比赛”和“奖杯”。

由此可见,工作记忆很可能构成了影响可及性高低的另一个因素。再来看一例:

(1-2)第 20 届**世界杯**将在巴西起草。具体赛程及各场比赛的举办地、举办时间随后将由国际足联公布。

受试 5:第 20 届世界杯,**是不是还是第一句里面的足球比赛啊?**将在巴西起草,具体赛程及各场比赛的举办地、举办时间随后将由国际足联公布,嗯就是,就是那个足球的世界杯,然后它在将要在巴西开始举行了,现在具体的那个赛程和举办地什么举办时间没有公布。

从受试 5 理解"世界杯"的思维定式可见工作记忆中紧邻的、刚加工过的新信息对解读候选项产生了非常大的影响,刚加工过的新语义构成了可及性最高的一个候选项。

从上面的分析可见,影响可及性高低的至少有认知主体个人经历、长时记忆中的百科知识、工作记忆中的上下文知识三个重要因素。

5.4.3 不同转喻解读方式的理解难度

在转写有声汇报材料和察看有声汇报视频时,笔者还特别标注了一些特别的非语言信息和身体语言,因为有些非语言信息和身体语言很可能暗示了理解有难度的情况。笔者发现,除了重复语句、明确表示不解或很奇怪、语气疑惑、语气加强、音量升高或降低、升调或疑问口气、类似默念伴随思考状、吸气、咂嘴、阅读速度放慢等非语言信息大量出现,另外还观察到一些身体语言,如手部或头部动作。笔者推断这些都可作为理解有困难的表现。

同时,笔者整理了访谈中 7 名受试对各组转喻的可理解程度给出的分值,具体情况如表 5-2 所示。

表 5-2　问卷例句可接受程度统计表

（1＝不能接受；2＝可以理解；3＝相对可以接受；4＝可以接受；5＝完全可以接受）

题号	例句	类别	违反制约假定	平均得分
1-1	2014年**世界杯**将在巴西举行。	规约转喻	语法、语义	5
1-2	第20届**世界杯**将在巴西起草。具体赛程及各场比赛的举办地、举办时间随后将由国际足联公布	非规约转喻1	语法、语义、认知??①	3.3
1-3	巴西国家足球队分别在1958年、1962年、1970年、1994年和2002年夺得**世界杯**，是世界上第一个五次夺得**世界杯**的队伍	字面	无	4.7
1-4	小朱穿着**世界杯**在大街上散步	非规约转喻2	语义、语域、认知??	2.4
1-5	南非世界杯期间，各界名流都爱佩戴**“世界杯”**	非规约转喻3	标点、语义、语域、认知?	2.7
1-6	小朱很喜欢跳舞，经常看**世界杯**	无解	话题、语域	3
2-1	因为上课调皮**红领巾**让老师没收后，小明被周围的人看不起，认为他不配当**红领巾**。为此，小明感到很沮丧	字面；规约转喻	无；语义	4.7
2-2	小王昨天买了**《红领巾》**，高年级版适用于3—6年级，低年级版适用于1—2年级，62年来受到家长和儿童的好评	非规约转喻1	标点、认知?	4
2-3	突然狂风大作，那条陈旧的**红领巾**摇摇欲坠，随时有可能砸伤行人	无解	话题、认知????	1.4
2-4	新年去哪儿？去**红领巾**看大型冰雕魔幻节吧！U型大滑道、嬉戏冰场、人造雪场可享新年特惠	非规约转喻2	语义、语域、认知??	3.1
2-5	**“红领巾”**由一支教学经验丰富，深谙教育规律的专家团队创建，在市区有8大校区，优秀专职教师350多名	非规约转喻3	标点、语义、认知?	3.7

① “?”表示认知的困难程度：“?”表示有点难度，“??”表示难度一般，“????”表示极度困难。

在表 5-2 中,可理解程度分值最高的是字面和规约转喻用法。“世界杯”字面和规约性转喻的可接受程度平均值分别为 4.7 和 5,“红领巾”两者的分值为 4.7,这应该是字面和规约性转喻意义比较熟悉的结果。

可接受程度最低的 1.4 为“红领巾”无解读的情况,这大概是由于该句严重违反话题连贯性和认知上极度困难造成的。在询问该句可理解程度低的原因时,所有受试均表示完全不理解指的是什么,从前半句来看应该是挂在某处的红领巾,但后半句“砸伤行人”却完全不能与之对应。1 名受试表示该句很搞笑,还有 1 名指出如果实在要理解,只能解释为“红领巾雕塑”。

可接受程度较低的还有“穿着世界杯”“佩戴‘世界杯’”两句,分别为 2.4 和 2.7,这可能是由于“世界杯”作为“赛事”和“奖杯”的规约性意义相当常见,因而认知上较难联系“衣服”或“配饰”的新颖意义。这点从几位受试的表达可以看出,比如说“穿着世界杯很突兀”“没见过有这种东西”“前面没有铺垫,让人感觉很困惑”等。

相对可以接受的有三句:“跳舞和世界杯”(3),“世界杯……起草”(3.3),“去红领巾看大型冰雕魔幻节”(3.1)。“跳舞和世界杯”一句虽然相对可以接受,但是几乎所有受试在访谈中都表明该句“前后关系不大”,即语用上缺乏连贯性,仅有两名受试假定话题相关性存在,并将其解释为“跳舞界的世界杯”。大多数受试认为“世界杯……起草”的语法表述不太好,虽然还是可以理解。1 名受试认为“去红领巾看大型冰雕魔幻节”中“红领巾”作为娱乐场所的名称不太合适。

另外,“红领巾”作为书名和教育机构的可接受程度较高,分值分别为 4 和 3.7,这大概因为从认知上来说,二者与“红领巾”的规约性意义相对容易联系。

接下来,笔者将非语言信息频繁出现的语段与可理解程度较低的句子进行比对,结果发现二者基本一致,这说明频繁出现非语言信息往往提示了理解的难度。例如:

(2-3)突然狂风大作,那条陈旧的**红领巾**摇摇欲坠,随时有可能砸伤行人。

受试 1:下一句第三句,“突然风狂大作,那条陈旧的红领巾摇摇欲坠”

…从这句话我们可能还不能嗯，不是太能判断出此红领巾所代表的意义。下半句，“随时有可能砸伤行人”…嗯，在这里**嗯**…在这里我觉得红领巾应该不止不单纯代表着呃一个物体本身，它可能指的是**嗯某一样某一样嗯…某一样东西…嗯某一样东西**，乃至于它它的杀伤力有可能砸伤行人。

受试3：因为这个实体的红领巾它是布的嘛，比较容易风一吹在风中那种摇摆然后就是说摇摇欲坠。然后，随时有可能砸伤行人…，**这个就就有点不理解了**，因为我觉得这个红领巾应该是布布质的呀。这样我感觉到，哦看到这儿，我感觉这个他说陈旧的红领巾我感觉可能是类似于雕塑之类的吧。

受试4：第三句，“突然狂风大作，那条陈旧的红领巾摇摇欲坠”，从这个风吹得摇摇欲坠应该是就是一个红领巾，一个物体，随时可能砸伤行人，**应该不是那个**，不是一个陈旧的红领巾随时砸伤行人，**我也不知道是什么**。

受试6：第三句，“突然狂风大作，那条陈旧的红领巾摇摇欲坠”，嗯..，目前我的理解还是红领巾就是刚刚所说的代表着少先队员身份的一个红色的绸带，啊，随时有可能砸伤行人，呃，**这个（吸气），这句就让我觉得有点困惑**，因为红领巾按照我刚刚说的话应该是非常轻的材质，是不可能会砸伤到人的，**呃…所以我需要再想一想，（声音降低，思索状）“狂风大作，那条陈旧的红领巾摇摇欲坠”（声音降低，默念）**。嗯…我想这个红领巾既然是会砸伤到行人，而且是在狂风中摇摇欲坠，说明它是放在高处的，并且有一定的重量，因此…陈旧的陈旧的，所以我想可能是**（吸气）**也是有有关于象征意义的一种比较重的物体，但是**具体是什么我不知道**。呃，结束。

受试7：啊，摇摇欲坠随时有可能砸伤（**疑惑语气，音量低**）行人…（**咂嘴**）他这里说摇摇欲坠随时可能**砸伤行人**…那…（**清嗓子**）他既然说**砸伤行人**，那么这里的红领巾应该就不是之前所猜测的那个就少先队员所佩戴在胸口的那条红色丝巾，因为那条红领巾即使掉下去也不可能砸伤人的，那它说可能砸伤行人说明这这条红色这个红领巾是有一定的分量的，哦，当然也有可能那他说摇摇欲坠，那有可能是那条红色的丝巾上挂了绑了什么东西，有重物，那么掉下去可能。或者说这个红领巾就不是一条丝巾，而是有一定重量的一个呃…一个一个物品吧。

第二组第三句的汇报中，受试 1 不仅言语上对"某一样东西"多次重复，还有短暂的停顿和填充停顿；受试 3 除了明确表示不理解外，也出现了短时的停顿；受试 4 也是明确表示不知道所指，并否认了"红领巾"的本意；受试 6 则表明"觉得有点困惑""需要再想一想""具体是什么不知道"，并且伴随了吸气、填充停顿、声音降低思索状、声音降低默念；受试 7 除了言语上对"砸伤行人"多次重复，还出现了短时停顿、疑惑语气、音量低、咂嘴、清嗓子等表现。这些交错的、丰富的语言与非语言信息可以印证受试在理解该无解句时的难度相当大。

再来看其他可理解程度较低的例子：

(1－4)小朱穿着**世界杯**在大街上散步。

受试 5：小朱**穿着(加重语气)**世界杯…**这个意思世界杯是一个衣服吗？这个不太理解**，在大街上散步，可能意思是说，印着世界杯的衣服吧他穿着一件。

受试 6：第四句，小朱**穿着世界杯(升调，疑问口气)在大街上散步(声音响度越来越低)**，嗯这个，小朱是个人，穿着，穿着一般穿的是衣服。嗯，**这个我的第一感觉是很奇怪**，那么我想他这个穿着世界杯应该是他的衣服上印着世界杯的一些比较典型的字样或者是图案之类的，呃，我是这么想的，但是肯定是关于身上的衣服之类的，结束。

受试 7：小朱穿着世界杯…啊这里这里的这个世界杯……**呃**..既然说小朱这应该是个人穿着世界杯，那他应该是穿着类似于是衣服之类的，**可以他可以他可以呃**..说那就是说这个世界杯指的就是类似于衣服这类的东西或者说有这样的衣服可以叫世界杯，或者说是可以当衣服穿的一样东西，叫作世界杯。然后，在大街上散步，那就说明这个东西穿了之后**呃**..一方面要么就说明呃小朱他是一个很外向而且他敢于在大街上尝试这种新颖的着装的人，**呃**..，而且就说明这个至少是一个可以世界杯这样东西穿着是可以在大街上给,展示给大家看的给外人看的这样一样东西。

在理解第一组第四句时,受试 5 发出了是非问,并且表示“这个不太理解”,加重“穿着”二字的语气;受试 6 则表示“感觉很奇怪”,且伴随了升调、疑问口气、越来越低的声音响度等非语言信息;受试 7 不仅言语重复“可以”,还出现了 3 秒和 5 秒内的停顿、填充停顿等情况。笔者认为,这些大量混合了语言、非语言信息的现象可以再次证明理解出现困难的状况。

另外,值得注意的是,一些身体语言也暗示了理解出现困难。例如手部动作:

(2－3)受试 6:第三句,“突然狂风大作,那条陈旧的红领巾摇摇欲坠”,嗯..,目前我的理解还是红领巾就是刚刚所说的代表着少先队员身份的一个红色的绸带,啊,随时有可能砸伤行人,呃,这个(吸气),**这句就让我觉得有点困惑,因为红领巾按照我刚刚说的话应该是非常轻的材质,是不可能会砸伤到人的,呃…所以我需要再想一想,(声音降低,思索状)**狂风大作,那条陈旧的红领巾摇摇欲坠(声音降低,默念)。

在上面截屏的两个连续的图片中,可以观察到受试 6 用笔抵着额头和用手指揉眉毛的手部动作,这是上面转写语料中加粗文字的伴随动作。该句刚

好是问卷调查中可理解程度最低的一句(1.4 分)。并且,受试 6 的汇报中还出现了数量较多的填充停顿、吸气、声音降低思索等非语言信息。所以,笔者认为,这两个特殊的手部动作完全可以证明该句的理解难度较大。再来看其他的手部动作的例子:

(1-4)受试 7:小朱穿着世界杯…**啊这里这里的这个世界杯**……呃..既然说小朱这应该是个人穿着世界杯,那他应该是穿着类似于是衣服之类的,可以他可以他可以呃..说那就是说这个世界杯指的就是类似于衣服这类的东西或者说有这样的衣服可以叫世界杯,或者说是可以当衣服穿的一样东西,叫作世界杯。

上图中,受试 7 在一开始理解该句时就用手指在嘴唇上来回滑动,同时汇报中还出现了 3 秒内停顿、5 秒内停顿、填充停顿等非语言信息。同样,该句也是可理解程度较低的例子(2.4 分)。因此,笔者认为手指在嘴部滑动的动作可以说明理解话语出现困难的状况。再来看一例特殊的头部动作:

(1－5)受试5:“南非世界杯期间,各界名流都爱佩戴‘世界杯’”…**佩戴世界杯,这样说世界杯是一个饰品**,或者是做的是一个上面有世界杯logo的一种…纪念品类似手表之类的,或者是可以绑在身上的什么布条儿之类的。

上面左边的图中,受试5突然做出了头部倾斜的动作,似乎在质疑什么内容,随后又低下头继续进行汇报(右图),这两个连续动作与(1－5)中的加粗字体相对应。同时,该汇报中还出现了3秒内的停顿、话语重复等现象。对照问卷中可接受程度的分值,笔者发现该句是可理解程度较低的另一例(2.7分)。因此,笔者判断头部倾斜的动作也可证明理解有难度的情况。最后,再来看一例手部动作:

(1－2)受试3:“第20届世界杯将在巴西起草”,(吸气)**这个**…这个不是特别(声音响度逐渐降低,不确定语气),就是说…这儿的这个世界杯应该,我感觉就看这半句话我感觉应该是就是说是代表着这一届赛事,就是说是第20届的这一届赛事,就是说这个这个事情将要在巴西进行起草就是说是进行进行制定一些规定啊制定一些章程啊或者制订一些计划,计划计划有什么比赛之类的这种。

观察上图中，受试 3 在汇报时做出了用手指触碰脸颊的动作，这对应于转写语料中的粗体字。不仅如此，转写语料中还出现短暂停顿，言语暗示不确定等信息。并且，该句在可接受程度列表中处于一般的位置(3.3 分)。因此，笔者判定，用手指触碰脸颊的动作也可证明理解有一点难度。

总之，不同的转喻解读在理解难度上是具有差别的：认知极度困难的转喻句子最终会被放弃解读；与规约性意义较难建立联系的新颖转喻也比较难被理解；规约性转喻最易得到解读。从外部表现来说，转喻的理解难度体现在频繁出现的非语言信息、一些特殊的手部以及头部动作上。

5.5 讨论及对解读模型的调整

通过有声思维和访谈，笔者发现认知、话题、语域、语义、标点制约假定在启动转喻意义时发挥了重要作用。

那么几类制约假定之间的关系究竟如何？根据上面的分析，我们已经得到认知制约假定的等级要高于话题相关性或连贯性制约假定，简写为认知制约假定≫话题制约假定，接下来再看话题制约假定与其他制约假定是什么关系。如前所述（参见 5.4.1.4），根据三名受试对无解句“小朱很喜欢跳舞，经常看**世界杯**”作出了意义连贯的回答，我们发现他们不仅假设话题相关性或连贯性的存在，还改变了“世界杯”的语域，将其置于“跳舞”的语域中进行理解。这说明语域合适性/得体性制约假定也是可以被违反的，目的是为了避免话题相关性或连贯性制约假定被违反。这就证明了话题相关性或连贯性制约假定的等级一定高于语域合适性或得体性制约假定，简写为**话题制约假定≫语域制约假定**。同时，二者又同属于语用范畴，一个与交际目的有关，一个与社会语境有关，因此我们将前者称为**高层级语用制约假定**，后者叫作**低层级语用制约假定**。

根据认知制约假定≫话题制约假定、话题制约假定≫语域制约假定以及排列等级的传递性，我们推得认知制约假定≫语域制约假定和**认知制约假定≫话题制约假定≫语域制约假定。**

接着，再来观察转写语料中的语言类制约假定。笔者发现，在“世界杯……起草”“穿着世界杯”“佩戴‘世界杯’”“去红领巾看大型冰雕魔幻节”等例句的回答中，基本所有受试都相当强调语义制约在理解中所起的关键作用。虽然这几句还明显违反了标点、语法、语域等制约假定，但是受试言语中提到最多的是根据某个动词的语义限制来进行解读。这说明语义制约假定的等级要高于标点和语法制约假定，简写为**语义制约假定≫标点制约假定，语法制约假定**。

与理论分析的结论不同的是，笔者在实验中没有发现语法制约假定对触发转喻意义的影响，这可能与有声思维问卷例句的设计有关，其中仅有两句违反了语法制约假定。

(1－1)2014 年**世界杯**将在巴西举行。

(1－2)第 20 届**世界杯**将在巴西起草。具体赛程及各场比赛的举办地、举办时间随后将由国际足联公布。

观察(1－1)、(1－2)发现，两句都明显违反了量词的使用规则（应该说一只杯子）。但是，“世界杯”作为比赛意义的规约程度相当之高，这可能是受试在汇报中没有谈及两例违反语法制约的原因。

由此可推断，语法制约假定的等级必定低于其他的语言制约假定（语义、标点制约假定），简写为**语义制约假定≫标点制约假定≫语法制约假定。**

那么，结合上述实验中发现的所有的制约假定之间的关系，并根据理论分析中归纳的**认知制约假定≫语用制约假定≫语言制约假定**，我们得到**认知制约假定≫高层级（话题相关性或连贯性方面的）语用制约假定≫低层级语用制约假定（语域制约假定）≫语义制约假定≫标点制约假定≫语法制约假定。**

因此，将自然话语解读的制约假定等级体系进一步细化为指称转喻解读的制约假定等级体系（图 5－1）：

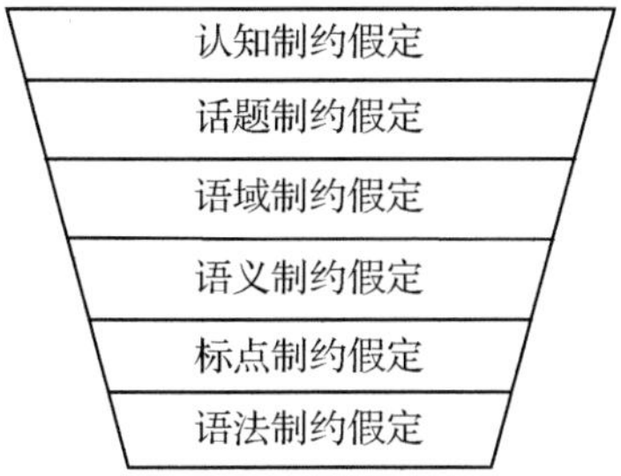

认知制约假定：转喻的目标概念必须与来源概念位于同一认知域中，并且具有邻近关系。
话题制约假定：话语不能违反话题相关性或连贯性。
语域制约假定：术语的使用必须符合默认的语域。
语义制约假定：语句中的语义组合不可违反选择限制。
标点制约假定：（汉语书面语中）词语甚至更大的语言单位不允许带有引号或书名号。
语法制约假定：语句不能违反语法规则。

图 5－1　指称转喻解读的制约假定等级体系

这个梯形结构的指称转喻解读的制约假定等级体系修正了 Croft（1993）、江晓红（2009）等人提出的转喻解读的制约条件，并在此基础上证明了制约条件内部的层级性。Croft（1993）的最大贡献在于提出解读转喻时要遵循认知域的概念统一原则，并且认为语境决定了转喻解读的认知域。笔者认为认知域的概念统一就等同于本研究中的认知制约假定，即基于百科知识的同一认知域中转喻来源和目标概念之间的邻近性联系。当然，与来源概念具有邻近性联系的目标概念可能很多，这时，就需要语境来选择唯一的、合适的目标概念。Croft 的语境就等同于本研究中的话题制约假定（高层级语用制约假定）：话语不能违反话题相关性或连贯性。

江晓红(2009)就转喻解读提出的制约条件相对全面,但是对认知、语用制约的归纳存在一定问题。以认知制约为例,江晓红将其界定为参照点选取的认知原则,并且从汉英混杂的语料中归纳得出人类经验、感知选择、文化偏好等次原则。再以语用制约为例,江晓红将认知与语用制约混合在一起,这不但体现在她所使用的"pragma-cognitive constraint"的表述上,而且反映在其界定中百科记忆、互为显映等原则与语言语境、话语情景并列在一起。笔者认为这样的界定还有一些不足,因为认知制约是从认知上建立概念之间的联系,而语用制约主要是与当前交际任务有关的话题以及与当前交际情境有关的语域,所以最好将二者分开对待。

再来看以往研究中预测的制约条件之间的层级性。江晓红(2009)等人认为语用制约是最高层级的制约假定,对其他制约具有约束力。这与本研究中认知制约假定处于最高层级的结论是矛盾的。在上文章节的讨论中,笔者已经证明了认知制约假定和语用制约假定的关系:在理性的交际中,二者均不可违反,且认知制约假定的层级要高于语用制约假定。因为即便违反了语用制约假定,只要认知上可以找出可行的解读,话语还可以得到其他方式的解读。

接下来,我们再来看本研究实验中发现的转喻意义选择的过程和顺序(表5-3),其中规约性和非规约性指称转喻的目标词都位于句中。实验结果发现,无论转喻词语意义的规约程度如何,可及性最高的候选项或者说第一候选项都是交际者认知语境中规约程度最高的那些意义,或为字面意义或为规约性转喻意义。这些结论大体与理论部分的分析(表5-4)一致。

表5-3 实验分析中的转喻意义选择及解读顺序

	类别	位置	影响选择的制约假定	可及性最高的候选项/第一候选项
1	规约性转喻	句中	认知、语义	规约性转喻意义即目标意义/字面意义
2	非规约性转喻	句中	认知、话题、语域、语义	规约性转喻意义/字面意义

表 5-4　理论分析中的转喻意义选择及解读顺序①

	类别	位置	影响选择的制约假定	可及性最高的候选项/第一候选项
1	规约性转喻	句中	认知、话题、语义	规约性转喻意义^{1}即目标意义/其他的规约性转喻意义^{2}
2	非规约性转喻	句中	认知、话题、语义	规约性转喻意义/字面意义

理论与实验分析的不同之处在于影响选择的具体制约假定和可及性最高的候选项略微有些不同，归纳如下：

1）就规约性转喻的理解而言，理论分析中影响选择的制约假定多了一个“话题”，而在实验中没有发现“话题”。我们认为就规约性转喻而言，认知和语义制约假定对于选出目标意义而言已经足够，因此就规约性转喻而言，影响选择的制约假定只有认知和语义制约假定。

2）就规约性转喻理解触发的可及性最高的优选项而言，实验和理论分析的不同在于字面意义和其他的规约性转喻意义，我们认为二者都可能出现，具体要看在某个交际者的认知语境中，最熟悉的那个意义是哪一个，因此将规约性转喻触发的可及性最高的候选项/第一候选项改为规约性转喻意义^{1}即目标意义/字面意义/其他的规约性转喻意义^{2}（参见表 5-4/表 4-3）。

3）就非规约性转喻的理解而言，理论分析比实验分析少了一个语域制约假定，这是因为在理论分析中尚未归纳语域制约假定造成的。因此，影响非规约性转喻的制约假定并没有争议，应该是认知、话题、语域和语义制约假定。

最后，将转喻意义选择及解读顺序的表格调整为如表 5-5 所示：

表 5-5　转喻意义选择及解读顺序

	类别	位置	影响选择的制约假定	可及性最高的候选项/第一候选项
1	规约性转喻	句中	认知、语义	规约性转喻意义^{1}即目标意义/字面意义/其他的规约性转喻意义^{2}
2	非规约性转喻	句中	认知、话题、语域、语义	规约性转喻意义/字面意义

① 表 5-4 即第四章中的表 4-3，这里为了方便比较，重新进行标号。

笔者认为，关于指称转喻解读的竞争性选择的研究结果符合 Giora(1997)的层级突显假设，也回答了一词多义的情况下(既有字面意义又有多种转喻意义)，哪些意义才是突显程度最高的意义。例如，在理解句中的规约性指称转喻时，规约性转喻意义(可能有多种)或字面意义都可能成为第一候选项，即突显度最高的意义。如果其他的规约性转喻意义出现为第一候选项时，作为规约性转喻意义的目标意义可能随后出现，即有一个先后顺序。当然，理解规约性转喻是否有先后顺序并不能完全肯定，因为有声思维的汇报是口头陈述，并不能看到两种意义(不同的规约性转喻意义)是否并行处理。再如，在理解句中的非规约性指称转喻时，规约性转喻意义或字面意义都可能成为突显度最高的意义，即作为第一候选项出现，然后再被剔除，转而选定新颖的转喻意义。这一点也与层级突显假设中关于突显度较高的意义用作新颖解读(突显度偏低的意义)，出现理解的先后顺序的情况相一致。总之，层级突显假设没有具体研究指称转喻的解读问题，因此本研究中对转喻意义竞争性选择的研究刚好对其是一个补充，也验证了该假设的核心思想(突显度最高的意义首先被加工)。

上面经过实验验证的指称转喻解读的制约假定等级体系和转喻意义的选择机制还可以解决以往研究中存在的一些问题。以 Papafragou(1996)中的一例来说明：

(3) **The piano** is in a bad mood.

Papafragou(1996)假设听话人在推理该句的过程中首先得出字面命题“The piano is in a bad mood<at time x>”，将其视作说话人意欲表达的解读，而该解读从任何场合来说都不可能获得说话人想要表达的最佳关联，因此被放弃。听话人接下来会根据谓语重新拟定一个新的假设：The piano 这个描述语指的是一个人，因此得到一个新命题：The person that could appropriately be called “the piano” is in a bad mood <at time x>。这个新命题当然可以再结合一些具体的语境假设，进一步得到充实。

从 Papafragou 对该例的分析可以发现，她对听话人为何放弃字面解读仅用“不符合最佳关联”一句带过，所以从她的分析还看不出来这其中具体的意义选择机制。与之相比，本研究提出的指称转喻制约假定和转喻意义的选择过程更具解释力，更具优势：“The piano”首先生成第一个候选项，即可及性最高的字面意义“作为乐器的 piano”，再对其进行检验，然后发现该项严重违反了话题相关性或连贯性（前半句讲乐器，后半句讲人物情绪），于是立刻被放弃。接下来，听话人继续寻找目标意义，通过对语义制约假定的违反（be in a bad mood 需要具有生命力的人作为主语，而非乐器 piano）可将“the piano”的指称锁定为某个人物，例如弹钢琴的人。这样的假设在 RT-OT 的筛选机制下是最优的，完全符合最佳关联，因此胜出为优选项。

5.6 本章小结

本章对有声思维和辅助访谈的操作过程和结果进行报告、分析，结果发现：

1）主要是认知、话题、语域、语义、标点、语法制约假定触发了转喻解读。

2）转喻意义的选择与转喻词语的类别有关。目标词的类别不同，发挥主要作用的制约假定也不同。影响非规约性指称转喻的制约假定主要是认知和语用制约假定，而影响规约性指称转喻的制约假定主要是认知和语义制约假定。不过，可及性最高的解读项往往是交际者认知语境中规约程度最高的意义，或为规约性转喻意义，或为字面意义。

3）有声思维汇报中频繁出现语言与非语言信息交杂的现象以及一些特殊的手部与头部动作，这些与例句可接受程度的低值趋向一致，因而说明不同的转喻理解是具有难度差异的。

第六章 结论

本章是全书的总结，对主要研究内容进行回顾。本章共分为四节：6.1 概括本研究的主要发现；6.2 指出本研究的启示；6.3 指出本研究的不足；6.4 对后续研究的展望。

6.1 本研究的主要发现

对于转喻这一语言学热门话题，研究者从修辞学、认知语言学、语用学、实验心理学、自然语言处理等学科路径进行了理论、实验或应用研究，考察了转喻的修辞功效、认知机理、理解机制、转喻语义的加工模式、转喻标注与识别等重大问题。文献概述显示，转喻研究虽然在各学科路径展开，但近年来呈现出认知语言学与语用学的融合趋势，但这方面的研究数量上仍然偏少，对诸如转喻的理解机制等问题的研究还有待深入。有鉴于此，本研究探索了转喻解读认知语用过程中触发转喻解读的因素、不同转喻意义的选择机制、转喻理解的难度等问题。

本研究在关联论的最佳关联假定、话语理解程序的基础上，采纳了优选论语法操作中的优选机制，根据从汉语话语理解中归纳的认知、语用、语言三类制约假定，构建了符合最佳关联的第一解读的形成机制，建立了基于关联—优选论的话语解读模型。

根据基于关联—优选论的话语解读模型，本研

究继续从理论上考察了指称转喻解读方面的三个重要问题：触发指称转喻解读的制约假定、指称转喻解读的意义竞争性选择过程、不同转喻解读的认知难度。

为了验证对指称转喻解读的理论假设，本研究还通过有声思维和访谈的实验方式考察了指称转喻解读的制约因素、选择转喻意义的认知语用过程、转喻与字面解读的顺序等问题，最终发现：

1）认知、话题、语域、语义、标点符号、语法制约假定（层级性从高到低）共同构成了基于关联—优选论的制约假定等级体系，在启动转喻解读中发挥重要作用。语义制约假定是语言制约假定中等级最高的制约假定。语域和话题制约假定共同构成语用制约假定，前者的层级低，后者的层级高，因而分别称为低层级和高层级语用制约假定。话题和认知制约假定在理性交际中存在且不可违反，认知制约假定的等级最高。理解过程中，对标点符号、语义、语法、语域的单个或组合违反和概念邻近性的认知识别迅速触发转喻意义。

2）对于同一词语有多种转喻意义的情况，本研究考察了位于句中的目标词。结果发现，转喻的类别不同，参与选择特定意义的制约假定也不同，不过可及性最高的候选项总是那些交际者特别熟悉的意义，或为字面意义，或为规约性转喻意义。这在一定程度上证明了层级突显假设的加工模式。层级突显假设没有专门研究指称转喻解读中突显度最高的意义，因此本研究通过考察指称转喻解读竞争性选择中的可及性最高的意义，充分验证了层级突显假设的核心思想——突显度最高的意义首先被加工。理解句中的规约性指称转喻的关键制约假定是认知制约假定，同时语义制约假定在选择意义时也发挥一定的作用。对句中的规约性指称转喻来说，交际者产生的第一个解读候选项是熟悉程度最高的规约性转喻意义（可能有多种）或字面意义。与之相比，理解句中的非规约性指称转喻时，认知、话题、语域、语义制约假定都在选择目标意义中发挥重要作用。就句中的非规约性指称转喻而言，交际者产生的最可及的解读候选项是最熟悉的规约性转喻意义（可能有多种）或字面意义。

3）若同一词语有多种规约程度不同的转喻意义和字面意义，则理解上是有一定难度差异的。最容易理解的是字面意义和规约性转喻意义。最难理解的是其意义在认知上较难联系字面意义或规约性转喻意义的新颖转喻用法。

转喻的理解难度从外部体现在交际者有声思维汇报中频繁发出的非语言信息(语气疑惑、语气加强、音量升高或降低等)和有时出现的特殊的头部或手部语言。这些现象经过验证确实是转喻理解有难度的反应。

总的来说,研究结果基本验证了指称转喻解读的制约假定,对制约假定等级体系的层级性进行了一些调整,对指称转喻解读的竞争性选择过程作出了一些修正,并提供了不同类别转喻解读具有难度差异的证据。

6.2 本研究的启示

本研究的启示体现在以下四个方面:

1) 从理论启示来说,本研究细化了最佳关联原则制约下的理解程序,详尽地解释了符合最佳关联的第一解读的产生机理,重新阐释了指称转喻的解读过程,建立了基于关联—优选论的话语解读模型,可以为类似的语用－语言现象的解读提供参考。本研究还对优选论在语用学中的应用做出了新的尝试,提出了具体的认知、语用、语言制约条件及其层级性,对其语法操作进行了一些调整,并通过心理学实验进行了验证。另外,本研究中对转喻意义获取顺序的研究给修辞语言的语义加工过程研究提供了一定的启发,也是层级突显假设的一个有力的证据。

2) 从研究内容上来说,本研究丰富了认知语用学在转喻理解方面的研究。本研究深入挖掘了指称转喻解读的制约因素、多重意义的选择机制、不同类别意义的理解难度等问题,并详细描述了转喻解读过程中制约假定等级体系发挥作用的认知语用机理。此外,还对转喻意义的可及性程度与处理顺序等问题进行了探讨。

3) 从研究方法上来说,本研究不仅包括了理论分析,还创新地使用了有声思维和访谈的实验方法来验证转喻解读的细节问题,这对认知语言学和语用学考察转喻的理论研究是一个有力的补充。

4) 从实践角度来看,本研究对于自然语言处理中的转喻处理任务具有一定的启示作用。对指称转喻理解机制的研究可以帮助完善转喻识别的各类标准,改进转喻的标注方案,从而建立准确度比较高的、标注了转喻类别的语料库。此外,还可根据本研究对转喻理解机制的发现提出新的启发性原则,用于指导指称转喻的识别问题,并建立相应的计算模型。最后,本研究关于转喻理解机制的研究成果对于改进信息抽取问答系统、机器翻译的表现可提供一定的启发。

6.3 本研究的不足

本研究丰富了转喻解读的认知语用过程方面的研究,采用了心理学实验的方法来验证相关的理论假设,并建立了指称转喻理解的模型图,这些做法具有一定的创新价值。但是,不可否认,本研究还存在一些不足之处:

1) 具体分析使用的指称转喻语料有限,在理论分析中的转喻意义竞争性选择部分,只考察了“北京”一个多义词,没有查看其他的多义词,“北京”特定的词汇类别或许会影响分析结果的可靠程度。

2) 本研究采用了有声思维的心理学实验方法,虽然它在解释思维过程方面具有一定的优势,在数据采集、分析上也具有详细的规范和标准,但仍然不能避免有意识的有声汇报对交际者思维活动产生的影响。

3) 本研究的实验操作中涉及众多变量,例如认知、语用、语言六个制约假定还有转喻意义规约程度的变化等,这些变量可能会干扰实验,并影响实验结果。

4) 本研究仅仅考察了位于句中的指称转喻的理解中涉及的选择机制,不能排除指称转喻所在位置对转喻意义选择的影响。例如,指称转喻位于句首或句尾时,不同转喻意义的选择情况是否也一样。

5) 本研究中,参与实验的受试仅有七位成人,且有一位完成任务的情况不太理想,因此实验结果可能只发现了实际理解情况的一部分。

6.4 对后续研究的展望

通过对指称转喻解读机制的研究，笔者认为未来的研究者可以继续关注转喻的具体问题。顺应认知语言学和语用学的融合趋势，笔者认为，转喻的未来研究应该以认知语用学为理论框架，更专注于某些具体的研究对象，例如指称转喻，并且着力于解决一些更具体的研究问题，例如指称转喻的产生与理解机理的某些方面。就指称转喻的理解机制而言，可以更深入地考察某些问题，譬如不同位置的指称转喻理解的异同，理解过程中的意义可及性程度的变化等。从研究方法上来说，理论研究者可考虑采用适当的实验方法，证明、修正或推翻已有的关于指称转喻的某些理论假设。

从历时角度来看，转喻研究经历了修辞学、认知语言学、转喻处理、语用学和认知语用学等路径的发展历程，呈现出学科融合的趋势。转喻的界定、分类、推理等课题的发展均体现了这种历时变化和融合形势。不过，目前的融合做得还不够深入、数量也偏少，未来不仅可以加强相邻学科间的横向合作，还可展开跨学科的纵向融合。多学科的融合往往可以产生更多的创新成果。

笔者认为，语言工作者考虑到语言学的学科定位，对转喻的研究应着重于发掘语言现象的使用常规，并适当结合实验研究，尝试建立简单的语言模型。这种研究思路将使转喻处理等转喻学科的发展大大受益。

附录 1

有声思维培训问卷

[提示]注意以下各组句子中的粗体字，逐句说出对粗体字的理解过程，并说明根据什么判断意义。

如：

1. 她是我们这里的**花蝴蝶**，穿插在客人当中，发出清脆的笑声。

2. 他这个**老狐狸**，早该有这样的下场。

3. 她是一朵**玫瑰**，从小没吃过什么苦。

4. 他是个**机器**，在实验室从早忙到晚。

附录 2

有声思维问卷①

[提示]注意以下各组句子中的粗体字,逐条说出对粗体字的理解过程,并说明根据什么判断意义。

第一组

1. 2014 年**世界杯**将在巴西举行。

2. 第 20 届**世界杯**将在巴西起草。具体赛程及各场比赛的举办地、举办时间随后将由国际足联公布。

3. 巴西国家足球队分别在 1958 年、1962 年、1970 年、1994 年和 2002 年夺得**世界杯**,是世界上第一个五次夺得**世界杯**的队伍。

4. 小朱穿着**世界杯**在大街上散步。

5. 南非世界杯期间,各界名流都爱佩戴"**世界杯**"。

6. 小朱很喜欢跳舞,经常看**世界杯**。

① 问卷中各题呈现顺序同实验。

第二组

1. 因为上课调皮红领巾让老师没收后，小明被周围的人看不起，认为他不配当**红领巾**。为此，小明感到很沮丧。

2. 小王昨天买了《**红领巾**》，高年级版适用于 3—6 年级，低年级版适用于 1—2 年级，62 年来受到家长和儿童的好评。

3. 突然狂风大作，那条陈旧的**红领巾**摇摇欲坠，随时有可能砸伤行人。

4. 新年去哪儿？去**红领巾**看大型冰雕魔幻节吧！U 型大滑道、嬉戏冰场、人造雪场可享新年特惠。

5. “**红领巾**”由一支教学经验丰富，深谙教育规律的专家团队创建，在市区有 8 大校区，优秀专职教师 350 多名。

附录 3

有声思维问卷的理论分析

[提示]注意以下各组句子中的粗体字,逐条说出对粗体字的理解过程,并说明根据什么判断意义。

第一组

世界杯:获奖者的奖杯、世界杯足球比赛、世界杯足球赛的文件、印有世界杯的 T-shirt、世界杯赞助商提供的名表

1. 2014 年**世界杯**将在巴西举行。(目标词位置:句中)

   [违反语法(应说一只世界杯)、语义(应说比赛—举行)]

   规约转喻:世界杯足球比赛

2. 第 20 届**世界杯**将在巴西起草。具体赛程及各场比赛的举办地、举办时间随后将由国际足联公布。(目标词位置:句中)

   [违反语法(应说一只世界杯)、语义(应说文件—起草),认知困难??①]

   非规约转喻:世界杯足球赛的文件?

① 认知理解的难度用"?"表示。"认知困难?"表示理解上有一点困难,但是标点符号上提示特殊用法的情况;"认知困难??"表示认知上较难建立联系;"认知困难????"则表示基本无法理解。

3. 巴西国家足球队分别在 1958 年、1962 年、1970 年、1994 年和 2002 年夺得**世界杯**，是世界上第一个五次夺得**世界杯**的队伍。（目标词位置：句中）

（都不违反）

字面解读：奖杯

4. 小朱穿着**世界杯**在大街上散步。（目标词位置：句中）

［违反语义（应说穿着—衣服）、语域（世界杯<比赛），认知困难??］

非规约性转喻：印有世界杯图案的 T-shirt

5. 南非世界杯期间，各界名流都爱佩戴“**世界杯**”。（目标词位置：句尾）

［违反标点（不应加“”）、语义（应说佩戴—首饰）、语域（世界杯<比赛），认知困难?］

非规约性转喻：赞助商提供的世界杯上的奢侈名表

6. 小朱很喜欢跳舞，经常看**世界杯**。（目标词位置：句尾）

［违反话题（是跳舞还是足球比赛?）、语域（世界杯<比赛）］

无解读

第二组

红领巾：佩戴的三角巾、少先队员、名为红领巾的游乐场所、名为红领巾的杂志、名为红领巾的培训机构

1. 因为上课调皮**红领巾**让老师没收后，小明被周围的人看不起，认为他不配当**红领巾**。为此，小明感到很沮丧。（目标词位置：句中）

   第一个：**(都不违反)**字面解读

   第二个：[**违反语义(应说当—角色)**]

   规约转喻：少先队员

2. 新年去哪儿？去红领巾看大型冰雕魔幻节吧！U 型大滑道、嬉戏冰场、人造雪场可享新年特惠。（目标词位置：句中）

   [**违反语义(应说去—地方)、语域(红领巾＜学校/小学生)，认知困难??**]

   非规约转喻：名为红领巾的游乐场所

3. 小王昨天买了《**红领巾**》，高年级版适用于 3—6 年级，低年级版适用于 1—2 年级，62 年来受到家长和儿童的好评。（目标词位置：句中）

   [**违反标点(不应加《》)，认知困难?**]

   非规约转喻：名为“红领巾”的杂志

4. “**红领巾**”由一支教学经验丰富，深谙教育规律的专家团队创建，在市区有 8 大校区，优秀专职教师 350 多名。（目标词位置：句首）

[违反标点（不应加“”）、语义（机构—创建），认知困难？]

非规约转喻：名为“红领巾”的培训机构

5. 突然狂风大作，那条陈旧的**红领巾**摇摇欲坠，随时有可能砸伤行人。（目标词位置：句中）

[违反话题（是布质实物还是重物？），认知困难？？？？]

无解

附录 4

有声思维汇报的转写材料

受试 1

第一组

1. 好，下面开始第一题。2014 年世界杯，世界杯世界杯嗯我们知道是 4 年还是 8 年举行一次，我对这块了解了解不是很多。2014 年世界杯将在巴西举行，巴西我们知道是在嗯南半球，嗯，南半球，哎南美洲。嗯，巴西，我父亲曾经去过那里，嗯，那边气候非常好，那么世界杯嗯选在巴西想必是那里的环境啊，嗯经济发展经济发展情况国家综合实力各个方面都可以嗯来承担这样一个国际性的体育赛事。嗯…嗯…当然普遍关注世界杯的人男孩子以男孩子居多，嗯那么 14 年的世界杯如果说嗯嗯到时候嗯如果大家都看的话，我想我可能也会看一下吧。嗯，对。

2. 那么第二题，第 20 届世界杯，将在巴西起草，嗯. . 仍然是世界杯，嗯，它，将在巴西起草，嗯就是说嗯. . 巴西这个地方作为也是算嗯，巴西我们知道它的它的足球是世界闻名的，嗯…嗯，将在巴西起草可见巴西这个国家在足球，世界足球发展史上的具有的历史意义。具体赛程及各，具体赛程及各场比赛的举办地、举办时间随后将由国际足联公布，嗯…所以说嗯…在巴西起草嗯可见嗯世界杯世界杯呃整个在它的发展历史上巴西占了一个举足轻重的地位。

3. 嗯…第三，巴西国家足球队…分别在 1958 年、1962 年、1970 年、1974 年和 2002 年夺得世界杯，嗯. . 在这个巴西国家足球队已经夺得五五届的世界杯，可以说嗯. . 确实是在嗯世界杯历史上也是非常少见的。嗯，可见他们这个国家的足球实力是是非同一般的。下一句，是世界上第一个 5 次夺得世界杯的队伍，嗯. . 由此可见巴西足，由此可见世界杯对巴西来说嗯可以可以说是一个国家嗯巴西对于世界杯来说可以说是一个呃代名词,嗯世界杯也成为巴西这个国家的符号。嗯. .

4. 下一下一个第四个,小朱穿着世界杯在大街上散步,小朱穿着世界杯在大街上散步,嗯. . 由此可见,世界杯这样一个体育赛事,现在它作为一件,一件衣服或者一个衣服的 logo,现在被人们穿着在大街上,可见嗯. . 人们对世界杯的狂热程度和嗯热衷热衷的大小多少嗯… 世界杯的影响力已遍布世界各地。

5. 嗯第五句,南非世界杯期间各界名流都爱戴世界杯,都爱佩戴世界杯,嗯…可见嗯世界杯在这里,从佩戴一词我们可以看出它已经变成了一个呃一个勋章,或者,或者一顶帽子,嗯,它作为一个嗯作为一个饰品,嗯…作为一个饰品,嗯被人们,嗯被人们物质化,嗯形象化,它的影响力已经无处不在。嗯. . 而且从各界名流,这个名词就可以看出嗯世界杯的影响力之大,影响范围之广…

6. 嗯第六句小朱很喜欢跳舞经常看世界杯,可见嗯…虽然说前半句和后半句跳舞和看世界杯嗯不是说有必然的联系,但是由此可见,世界杯看世界杯已经成为了小朱的一大爱好,嗯甚至超过了跳舞。嗯…看世界杯嗯给他带来了非常大的乐趣,已经成为他生活的一部分。嗯…想必小朱也在看世界杯的同时也非常享受乐在其中。嗯……由此可见世界杯对人们的生活对人们的嗯…生活方式以及思维方式都产生了很大的影响,嗯. . 这是我的理解,好的,到此为止。

第二组

1. 第二组,因为上课调皮红领巾让老师没收后,红领巾我们知道红领巾本身我们小学时候小时候都戴过,嗯. . 是一条红色的类似丝巾丝巾一样的一个佩戴饰品。嗯…从这句话从这半句话可以看出来,上课调皮红领巾让老师没收嗯…红领巾是现在小学生必须佩戴的一个,一个标志。下面小明被周围的人看不起,认为他不配当红领巾,为此小明感到很沮丧,第一个红领巾我们我们可以推断出被老师让老师没收证明它是一个实实在在的红领巾,指的就是红领巾本身。因为上课调皮被老师没收,戴红领巾的这个当事人小明被周围的人看不起，认为他不配当红领巾，在这里红领巾作为一个名词象征着一个身份，象征着一个荣誉称号，它的意义嗯它的意义得到了升华。为此，小明感到很沮丧，这说明小明非常珍惜自己的红领巾，也珍惜自己的这个红领巾的称号。嗯，由此可见，红领巾已经成为嗯同学们争先嗯争先嗯提高自我的一个一个标志和目标嗯。

2. 第二句，小王昨天买了《红领巾》，嗯红领巾加书名号可见这是一本书，呃，一本书籍或者期刊，后面高年级高年级版适用于 3—6 年级，低年级版适用于 1—2 年级，62 年来受到家长和儿童的好评，后面这些就是对红领巾这本书嗯做的嗯比较到位的一个一个说明。嗯红领巾这本书嗯…分高年级版和低年级版，嗯在这里它成为一本一本著名的刊物，嗯 62 年来受到家长和儿童的好评，就说明嗯这本书嗯一直非常畅销，嗯乃至持续了 62 年。

3. 下一句第三句，突然风狂大作，那条陈旧的红领巾摇摇欲坠…从这句话我们可能还不能嗯，不是太能判断出此红领巾所代表的意义。下半句，随时有可能砸伤行人…嗯，在这里嗯…在这里我觉得红领巾应该不止不单纯代表着呃一个物体本身，它可能指的是嗯某一样某一样嗯…某一样东西…嗯某一样东西，乃至于它它的杀伤力有可能砸伤行人…

4. 嗯第四句话，“新年去哪儿？去红领巾看大型冰雕魔幻节吧，”在这里我们可能会想到呃，红领巾是作为一个地方，作为一个地方地理名词出现。下一句 U 型大滑道、嬉戏冰场、人造雪场可享新年特惠，这句话就是对这个冰雕魔幻节的具体的说明。去红领巾看大型冰雕魔幻节吧，可见在这个在这个里面，红领巾是一个嗯…当地人为当地人所熟悉的一个广场或者是嗯公园，嗯在这里可以看大型冰雕魔幻嗯…所以红领巾上升到了一个地理名词的意义。

5. 第五句红领巾由一支教学经验丰富，深谙教育规律的专家团队创建，这里红领巾加引号嗯…可见嗯它并非指的是红领巾这个物体本身。后半句在市区有 8 大校区，优秀专职教师 350 多名，由此可见…嗯. . 红领巾是一个学校，那么，嗯. . ，应该是一所小学，后面就是对红领巾这所学校的构建情况进行的讲解。嗯. . 由此可见，红领巾已经上升，上升为一所教育机构嗯. . 红领巾在在人民群众心中的形象和地位已经深入人心。嗯. . 已经成为现在人们提升自我、争先争强的一个方向标。嗯好，到此为止。

受试 2

第一组

1. 2014 年世界杯嗯世界杯是嗯. . 让我第一想到的就是一个奖杯，那么嗯它是一个足球比赛嗯最终获奖的一个奖杯，那么嗯最终我们就用它来嗯形容一个比赛，那么它也成了一个最终成了一个足球比赛的代名词，那么它将在巴西举行。

2. 嗯，第二，第 20 届世界杯将在巴西起草嗯. . 嗯. . 嗯巴西世界杯嗯是一个比赛嗯那么它嗯比赛需要有一些规程和一些章程，那么嗯. . 还有一些细则嗯，所以嗯这些细则将在巴西起草，那么具体赛程以及比赛的举办地、举办时间等将由国际足联公布。

3. 第三，巴西国家足球队分别在 1958 年、1962 年、1970 年、1994 年和 2002 年夺得世界杯，嗯嗯，他们夺得的是一个奖杯，那么这个奖杯嗯形状就像嗯就是一个呃像一个大的那个杯子，嗯所以嗯我嗯这个奖杯嗯将使这个巴西足球队啊这个队员集体获得的一个荣誉。那么它是世界上第一个五嗯五次夺得世界杯的队伍，那么这个世界杯它是一个奖杯那么对他们国家来说也是一种荣誉。

4. 第四，小朱穿着世界杯嗯. . 嗯世界杯这个这个奖杯的这个图形对大家来说都非常熟悉，那么小朱穿着世界杯这个图案的这个衣服嗯在大街上散步就就显得他是一个他是一个球迷。

5. 嗯第五，南非世界杯期间，各界名流都爱嗯佩戴世界杯，那么(清嗓子)世界杯嗯这个奖杯它可以做成各种饰物，那么嗯供各种球迷穿戴在身上嗯，所以许多球迷在比赛期间都喜欢佩戴有世界杯图案的各种饰物，把他们佩戴在身上以显得自己对于世界杯的热爱。

6. 小朱很喜欢跳舞经常看世界杯，那么嗯. . 世界杯它是是一个奖杯，那么获得这个奖杯的比赛我们也称它为世界杯…比赛。嗯，世界杯比赛在全场的风靡嗯，许多球迷都喜欢看这个比赛，那么它也是嗯是全世界球迷的一场盛会嗯，小朱嗯经常看这场比赛，那么估计他是在电视上看。

第二组

1. 第二组第一，因为上课调皮嗯红领巾红领巾让老师没收，红领巾是一个红色的三角形的嗯纺织品嗯用来佩戴在嗯小学生的身上。那么小明被周围的人看不起，认为他不配当这个红领巾，那么因为嗯这些小朋友嗯加入中国少先队以后都会佩戴这个方巾，佩戴在脖子上面，那么所以红领巾就成为了少年先锋队员的一个标志。所以同学们认为他不配当红领巾也就是不配当少先队员。所以他就会感觉到很羞愧。为此，他会感到很沮丧。

2. 第二，小王昨天购买了《红领巾》，嗯这个红领巾可能是适合嗯，因为它是红领巾，红领巾是一个少年先锋队员所佩戴的饰物，那么也曾也可用来指代这个中国少年先锋队，而少年先锋队他的年龄层次一般是在读小学左右的这个少年阶段，所以嗯所以红领巾嗯加了这个书名号那么估计是适合这个少年读的一些读物。那么它是高年级版适用于3—6年级，低年级版适用于1—2年级，62年来受到了家长和儿童的好评。

3. 第三，"突然狂风大作，那条陈旧的红领巾摇摇欲坠"，那么这个三角形的这个红色的这个可以佩戴在少年先锋队员脖子上的这个红领巾估计是挂在某条绳子上，正在晾晒，那么大风把它吹得摇摇欲坠可能可能会砸伤行人。

4. 第四，"新年去哪儿?"红领巾嗯…嗯…嗯可能红领巾因为是经常用来指代于就是嗯少年儿童尤其是读小学阶段的这个儿童，那么嗯在这里呃去红领巾看大型冰雕魔幻节估计这个红领巾指的就是嗯一个一个地方，而这个地方比较适合于少年儿童进行休闲娱乐和学习的一个场所。那么这里有U型的大滑道、嬉戏冰场、人造雪景可以享受呃享受新年的特惠。

5. 第五，嗯…嗯红领巾嗯是嗯是嗯红领巾嗯是由嗯是一个适合于少年儿童去享受教育的一个地方，那么嗯这它是由一支教育经验丰富嗯深谙教育规律的专家团队所创建的。那么嗯他呃他适合于少年儿童嗯少年儿童嗯在这里享受各种嗯各种教育那么嗯在这里各种各种专家团队向他们提供嗯提供各种课程嗯，那么在市区有8大校区，优秀的专职教师有350多名。

受试 3

第一组

1. “2014 年世界杯将在巴西举行”，就是世界杯因为我看看足球比较多，哎我就知道这个世界杯一看就知道足球赛事，就是我会联想到大力神杯，就是说是球员得了冠军之后拿到那个大力神杯在我脑海中就是那个就象征着世界杯。就是只要是喜欢足球的，这个就是足球界的最高荣誉。

2. “第 20 届世界杯将在巴西起草”，(吸气)这个…这个不是特别(声音响度逐渐降低，不确定语气)，就是说…这儿的这个世界杯应该，我感觉就看这半句话我感觉应该是就是说是代表着这一届赛事，就是说是第 20 届的这一届赛事，就是说这个这个事情将要在巴西进行起草就是说是进行进行制定一些规定啊制定一些章程啊或者制订一些计划，计划计划有什么比赛之类的这种。我这个也不大懂。具体赛程及各场比赛的举办地、举办时间随后将由国际足联公布。哎，看完这后半句我感觉刚才理解的应该是差不多的，就是说它那个第 20 届世界杯将在巴西起草，应该就是说是这个世界杯在这儿代表着呃就是说是是一项就是说为它制订一些计划。就是说世界杯在那儿举行开幕闭幕，以及中间的赛制之类的，应该是这个这个东西。

3. “巴西国家足球队分别在 1958 年、1962 年、1970 年、1994 年和 2002 年夺得世界杯”，这个这个应该就是我所说的那个大力神杯，就是说是当你取得了冠军之后你就可以这个奖杯就可以给你。这个这个世界杯也是一个象征，就是说代表着就是说你这个球队在在现在的这段时间应该属于全世界最好的一支球队。就是说他象征着一种荣耀，象征着你的实力，但具体意义上来讲，应该它也是它也是那个一个奖杯可以在一个国家保存 4 年。“是世界上第一个 5 次夺得世界杯的队伍”，而这儿这个世界杯我觉得就是说是嗯应该就是代表着那个冠军的意思吧。就是五次夺得了这个呃这个赛事的冠军。就是说这个世界杯不是代表了这个赛事，而是说代表了冠军。他夺得了世界杯就是说他拿到了这个比赛的第一，他拿到了所有国家参加比赛的第一名。

4. “小朱穿着世界杯在大街上散步”，我觉得这个世界杯应该是一种，就是说是嗯比如说他把这种文化象征比如说印印在衣服上那种感觉，因为他说小朱穿着，他肯定就是说是衣服啊，或者是鞋子或者是帽子之类的，他肯定就是说可能有个世界杯之类的世界杯的那种 logo，因为每届世界杯它都有些官方的一些宣传啊或者吉祥物啊或者是什么呃..那个每个赛事都有自己的那种就是一个那种徽章，那种类似的东西吧，就是它可能是印着一个那种东西，就是说他穿着世界杯我就感觉这个世界杯应该是穿在身上的一种服饰。

5. “南非世界杯期间，各界名流都爱佩戴世界杯”…嗯，我觉得这个世界杯嗯给我感觉应该是一种像像首饰一样的，比如说首饰或者是应该是相对来说高端一点的东西，因为他他前面写的是各界名流，他既然说指出了这个名流我就感觉，而且加了个引号，应该就是属于说是嗯比较价值比较高一些，就是普通人可能就是说是认为比较昂贵、比较奢侈的一些东西。名流喜欢佩戴的那种可能是一些代表着有点潮流性的一些东西吧。比如说可能是那种那种手，戒指啊耳环啊项链啊之类的这种东西。

6. “小朱很喜欢跳舞，经常看世界杯”，啊，这个世界杯，应该就是所谓的比赛了就是我们平常日常讨论就是说看世界杯，而且下一届世界杯要举行了，就是说我们经常一起讨论要不要看世界杯，看世界杯这个世界杯就代表了应该就是说是嗯世界杯期间所举行的所有的比赛。因为我们真地要看平时看足球比赛就是看世界杯主要就是看每一场足球比赛，看国家之间踢足球，这个世界杯在这儿也可能就是代表了就是说世界杯里边所包含的一些赛事。

第二组

1. 因为上课调皮红领巾让老师没收后，嗯我觉得这个这个红领巾应该是就是说是我觉得是佩戴的那个红领巾，因为他说上课调皮嘛，就是说明而红领巾就是我们小时候的就觉得的好像是一种戴上之后有一种荣耀感，是好像是自己做的对的事或者什么才能对得起红领巾的那种感觉。他说是调皮红领巾被老师没收，我觉得这个红领巾应该就是我们这次佩戴的，就是老师把你的红领巾收了之后就是你会感觉自己好像真的是犯了错误一样。小明被周围的人看不起，认为他不配当红领巾，哦，那看到这句就觉得刚才那个红领巾的意思应该是对的。然后这个时候不配当红领巾，就是这儿的红领巾应该就是一种象征，跟我们说的那个雷锋一样，雷锋说他是人，但是我们平常就是说我要做雷锋，并不是说做这个人，而是就是学习这种精神，这个红领巾在这儿应该是一种就是一种精神吧，就是一种象征，就是青少年的那种那种就是说做正确的事情，一种象征吧。为此，小明感到很沮丧。

2. 小王昨天买了《红领巾》，就是看到这个，因为这儿有一个书名号，我觉得这个可能是一本书之类的，感觉就是一般书都是加书名号或者说就是说电影之类的它会加个书名号，然后高年级版适用于3—6年级，低年级版适用于1—2年级，62年来受到家长和儿童的好评。看这儿应该就是一种，感觉这个红领巾，在这儿应该代表的是一种就是说是一种儿童读物。因为他后面写的受到家长和儿童的好评，它是可能是一本书的名字，就是教育小孩儿，要培养小孩儿正确的价值观之类的这种书籍吧。

3. "突然狂风大作，那条陈旧的红领巾摇摇欲坠"，呃我感觉这个好像是我现在感觉是好像就是那种实体的那种红领巾，因为它说刮风了，陈旧的红领巾摇摇欲坠好像就是给我感觉就是红领巾好像是挂在那个什么地方，然后风一吹，好像就是挂得不太紧，就是好像要被风吹掉下来一样。因为这个实体的红领巾它是布的嘛，比较容易风一吹在风中那种摇摆然后就是说摇摇欲坠。然后，"随时有可能砸伤行人"…，这个就就有点不理解了，因为我觉得这个红领巾应该是布布质的呀。这样我感觉到，哦看到这儿，我感觉这个他说陈旧的红领巾我感觉可能是类似于雕塑之类的吧。就是因为红领巾它那个面积比较大吧，它要做的标准因为面积比较大，它承受风的面积也比较大，风一吹如果是整个面去承受这个来自于风的这个个力的话，它应该是可能是要把它吹倒，然后这种这个雕塑有可能就是说随时砸伤行人，因为好像在别的地方也见到过那种就是说类似于红领巾这一块布的或者国旗之类的那种雕塑也都有。都有就是它只有一面，它承受风吹承受风的量级应该是比较小的。

4. 嗯，新年去哪儿？去红领巾看大型冰雕节吧，哎，我感觉这个应该这个红领巾应该是代表的是一个地名或者是一个景点的名字，因为他说就是过年的时候，就是去看大型冰雕魔幻节，哎，在这儿感觉就是这个红领巾应该是一个地名觉得大家一起去那儿看个冰雕节啊之类的。"U型滑道，U型大滑道、嬉戏冰场、人造雪场可享新年特惠"，在这儿感觉应该是对的，就是说它一个地名或者说一个景点的名字取的红领巾这个名字。

5. “红领巾由一支教学经验丰富”，嗯，看到这儿，应该是，怎么说呢，感觉他说教学经验丰富，肯定说是老师了嘛，肯定就是老师，感觉这个红领巾好像就是那种给我感觉乐于助人的一些老师组成的一个就是那种像助教队伍一样，就是去支教的队伍一样，我是这种这样感觉的，因为这个红领巾这个给人的感觉给人的印象，就是正面正派的一种形象，嗯，是相符合的嘛，这种乐于助人支教的这些老师们。然后，“深谙教育规律的专家团队创建，在市区有 8 大校区，优秀专职教师 350 多名”，嗯，他这儿就能确定他就是由教师组成的，但是就是说具体的应该就是应该就是属于有点给人的感觉就是有点帮助人的那种意思。这个结束了。

受试 4

第一组

1. 2014 年世界杯，世界杯足球将在巴西举行，巴西，2014 年世界杯，它是一种足球运动。

2. 第 20 世界杯，世界杯是一个足球运动将在巴西起草，哦，不是足球运动，应该是世界杯举办地点，具体赛程及各场比赛的举办地、举办时间随后将由国际足联公布。

3. 第三句，巴西国家足球队分别于 1958 年、1962 年、1970 年、1994 年和 2002 年夺得世界杯，这应该是世界杯比赛的冠军，这个世界杯应该没有其他意思，是世界上第一个五次夺得世界杯的队伍。这个应该是这个世界杯应该是奖杯，世界杯的奖杯或者是世界杯的冠军。

4. 小朱穿着世界杯在大街上走，这个世界杯应该是一个 logo，足球的我感觉。

5. 第五句，南非世界杯期间，各界名流都爱佩戴世界杯，世界杯佩戴的东西佩戴的世界杯…应该是一种印有世界杯的东西。

6. 第六句，小朱很喜欢跳舞，经常看世界杯，世界杯，能看的能看的东西应该是电视上看的世界杯比赛。

第二组

1. 第一句,因为上课调皮,红领巾让老师没收,红领巾红领巾应该是佩戴的红色的东西,小明被周围的人看不起,认为他不配当红领巾,那么这个红领巾应该是人们当的一种角色,应该是少先队员之类的。为此,小明感到很沮丧。

2. 第二句,小王昨天买了《红领巾》,这个不知道应该是本书还是什么书名,高年级版适用于 3—6 年级,应该是一本书,低年级版适用于 1—2 年级,62 年来受到家长和儿童的好评。应该确实是一本书。

3. 第三句,"突然狂风大作,那条陈旧的红领巾摇摇欲坠",从这个风吹得摇摇欲坠应该是就是一个红领巾,一个物体,随时可能砸伤行人,应该不是那个,不是一个陈旧的红领巾随时砸伤行人,我也不知道是什么。

4. 新年去哪儿? 去看红领巾大型冰雕魔幻节,这个红领巾应该是一个……节目啊就是一个节目的名称。U 型大滑道、嬉戏冰场、人造雪场可享新年特惠,应该是一个…主题活动的名称。

5. 红领巾由一支教学经验丰富,它该是一个团队,一支教学经验丰富,它应该是一个团队,一个老师组成的,深谙教育规律的专家团队创建的,确实是一个老师团队创建的,在市区有 8 大校区,优秀专职教师 350 多名,确实是一个团队。

受试 5

第一组

1. 2014 年世界杯,世界杯应该就是足球吧,将在巴西举行,应该就是个足球比赛,那个 4 年一次的那个。

2. 第 20 届世界杯,是不是还是第一句里面的足球比赛啊? 将在巴西起草,具体赛程及各场比赛的举办地、举办时间随后将由国际足联公布,嗯就是,就是那个足球的世界杯,然后它将要在巴西开始举行了,现在具体的那个赛程和举办地什么举办时间没有公布。

3. 巴西国家足球队分别在 1958 年、1962 年、1970 年、1994 年和 2002 年

夺得世界杯,是世界上第一个五次夺得世界杯的队伍,巴西的足球好像一直都还挺挺厉害的,夺得世界杯,这儿说的夺得世界杯,这个世界杯应该就是说的就是世界杯的冠军嘛同奖杯。

4. 小朱穿着(加重语气)世界杯…这个意思世界杯是一个衣服吗?这个不太理解,在大街上散步,可能意思是说,印着世界杯的衣服吧他穿着一件。

5. 南非世界杯期间,各界名流都爱佩戴世界杯…佩戴世界杯,这样说世界杯是一个饰品,或者是做的是一个上面有世界杯 logo 的一种…纪念品类似手表之类的,或者是可以绑在身上的什么布条儿之类的。

6. 小朱很喜欢跳舞,经常看世界杯,他前面说了喜欢跳舞,这儿说的世界杯喜欢看世界杯,前后两句应该是有关联的吧,这儿世界杯可能说的就是这个…跳舞界的世界杯,可能跳舞界也有这样的一个比赛…但是还是不确定是不是前后是有这样一个的关系。可能他说的这一个是一个并列句,说小朱很喜欢跳舞,而且同时他比较喜欢足球,所以经常看世界杯。

第二组

1. “因为上课调皮红领巾让老师没收后”,这应该说的是小学生戴的那个红领巾嘛,然后上课调皮给老师给收走了。“小明被周围的人看不起,认为他不配当红领巾”,哦这样说就是第一个红领巾意思就是实物,自己戴的那个红领巾,这个第二个红领巾就相当于是一个称号,类似于就是小朋友有种模范作用的那个红领巾。为此,小明感到很沮丧。

2. “小王昨天买了《红领巾》”,这个红领巾外面有一个书名号,可能就是一种小学生或者是初中生就是青年,就是小朋友的读物吧。“高年级版适用于3—6 年级”,这应该是和前面我猜想的没有什么错误,“低年级版适用于 1—2 年级,62 年来受到家长和儿童的好评”。这样综合来看的话,它确实是这个红领巾确实是一个就是小朋友的读物,然后适用于 1—6 年级,而且还分了低年级和高年级版。

3. “突然狂风大作,那条陈旧的红领巾摇摇欲坠”,这个红领巾前面有一个就是这个形容词是陈旧的,而且是用条来论的,应该就是一个实物的红领巾吧。“随时都有可能砸伤行人”,哦,但是后面又说随时可能砸伤行人,可能就是这个红领巾就不是传统意义上的红领巾，可能就是类似一个招牌或者那种…嗯..代表了那个红领巾可能红领巾一个就是小朋友的一个集合玩就是类似少年宫的地方，因为红领巾做了(招牌)，所以它可能砸伤行人，这个不是传统意义上的那个小朋友戴的那个红领巾。

4. “新年去哪儿？去红领巾看大型冰雕魔幻节吧。”这个第一眼看上去红领巾，他说去红领巾，这应该是一个地方，然后看大型冰雕魔幻节应该这个红领巾可能是类似于一个少年宫的地方。“U 型大滑道、嬉戏冰场、人造雪场可享新年特惠”，应该可能就是类似游乐场或者是少年宫。

5. “红领巾”，这是一个引号，可能不是传统意义上的就是佩戴的红领巾。由一支教学经验丰富，深谙教育规律的专家团队创建，这样说来这个红领巾应该是一个，就是类似小小孩或者是什么小朋友上的一种类似辅导班的地方。在“市区有 8 大校区，优秀专职教师 350 多名”，看后面的这个介绍它的规模挺大的，可能这个红领巾是一所比较大型、比较正规的学校吧。没有了。

受试 6

第一组

1. 第一句 2014 年世界杯，世界杯就是一场足球比赛，然后，它是包括了嗯很多国家队在一起比赛。将在巴西举行啊知道 2014 的世界杯就是在巴西举行，没有了。

2. 第二句，第 20 届世界杯将在…巴西起草，嗯..，世界杯巴西起草，嗯，这个起草的话(音调高)我的理解就是这个世界杯他可能，就是关于一些更具体的一些内容，因为起草让我联想到他可能是对于这个世界杯的整个细节，包括像呃..哪些小组啊，哪些小组之间比赛啊，哪些比赛啊，用什么场地啊之类的，所以这个世界杯可能就是不仅仅是只是形容这个这整个比赛，而是在比赛之下，包括更细节的比赛各方面的内容。具体赛程及各场比赛的举办地，啊这就印证了刚说的关于起草让我联想到的这个细节，就是包括了赛程和地点还有举办时间随后将由国际足联公布。嗯举办时间随后将由国际足联公布(声音放低，思索状)，就是也是一样的，关于赛程还有地点还有时间这些细节内容。嗯结束。

3. 第三句，巴西国家足球队分别在 1958 年、1962 年、1970 年、1994 年和 2002 年夺得世界杯，嗯..这个足这个巴西国家足球队嗯在这么多年份夺得世界杯，这个世界杯我的理解就是一个荣誉，因为它是夺得的，而且巴西足球队也一直相当厉害，嗯是世界上第一个 5 次夺得世界杯的队伍。所以这个世界杯呃这个粗体字让我联想到的是一个荣誉或是一个奖杯，就是可以是代表一个具体的也可以是代表具体的就是奖杯嘛，一个虚，比较，荣誉就是一个比较虚的一个概念。它有这两层意思。结束。

4. 第四句，小朱穿着世界杯(升调，疑问口气)在大街上散步(声音响度越来越低)，嗯这个，小朱是个人，穿着，穿着一般穿的是衣服。嗯，这个我的第一感觉是很奇怪，那么我想他这个穿着世界杯应该是他的衣服上印着世界杯的一些比较典型的字样或者是图案之类的，呃，我是这么想的，但是肯定是关于身上的衣服之类的，结束。

5. 第五句，"南非世界杯期间，各界名流都爱佩戴世界杯"，啊，我的根据是佩戴这个动词，佩戴一般是佩戴啊…首饰或者是或者是一些装饰品吧。那这个世界杯他应该就是比如说徽章或者是呃..手表或者是，反正身上的装饰品上面会有比较明显的代表世界杯的字样或者是图案。

6. 第六句，呃，"小朱很喜欢跳舞，经常看世界杯"，嗯…，很喜欢跳舞这还是一个，小朱很喜欢跳舞(类似默念，音量低)。世界杯给我第一个感觉就是一场一场的比赛。很喜欢看跳舞的话，让我联想到了世界杯的呃…一般都会给我们留下深刻印象是他的嗯主题曲。所以，它的主题曲一般都是非常呃…非常有激情的，因此嗯..他这个跳舞的话，可能是和音乐相关，经常看世界杯也是，这就更侧重于世界杯的一些关于音乐或者是呃运动员的一些呃内容吧我想，没有了。

第二组

1. 因为上课调皮红领巾让老师没收，红领巾我因为小学都佩戴过，所以我知道是佩戴在身上代表是少先队员的一个，一个象征的一个东西。小明被周围的人看不起，认为他不配当红领巾，嗯..，小时候经常…写作文会说做了好事以后会对对方说我叫红领巾，所以这个红领巾就是说这个人的，啊他代表一个，应该是代表一个比较优秀的少先队员，为此小明感到很沮丧。就是，第一个红领巾的话就是真实的红领巾，嗯第二个红领巾就是指比较好的学生，值得佩戴红领巾的学生，结束。

2. 第二句，“小王昨天买了《红领巾》”，因为有书名号，所以这个红领巾肯定是一本书。嗯，“高年级版适用于 3—6 年级，低年级适用于 1—2 年级”，嗯，这就更加印证了《红领巾》是一本书，62 年来受到家长和儿童的好评，所以这本书一定是关于学生的，关于教育的，啊，结束。

3. 第三句，“突然狂风大作，那条陈旧的红领巾摇摇欲坠”，嗯..，目前我的理解还是红领巾就是刚刚所说的代表着少先队员身份的一个红色的绸带，啊，“随时有可能砸伤行人”，呃，这个(吸气)，这句就让我觉得有点困惑，因为红领巾按照我刚刚说的话应该是非常轻的材质，是不可能会砸伤到人的，呃…所以我需要再想一想，(声音降低，思索状)狂风大作，那条陈旧的红领巾摇摇欲坠(声音降低，默念)。嗯…我想这个红领巾既然是会砸伤到行人，而且是在狂风中摇摇欲坠，说明它是放在高处的，并且有一定的重量，因此…陈旧的陈旧的，所以我想可能是(吸气)也是有有关于象征意义的一种比较重的物体，但是具体是什么我不知道。呃，结束。

4. 第四句，“新年去哪儿？去红领巾看大型冰雕魔幻节吧！”呃这里能判断能判断的是红领巾是一个地点，然后是有一些演出的地点。“U 型大滑道呃、嬉戏冰场、人造雪场可享新年优惠”，所以这个红领巾我觉得是和本本意的关于少先队员的红领巾完全没有联系了。它应该就是呃应该就是一个可供娱乐的一个地点。

5. 嗯第五句，“红领巾”由一支教学经验丰富，嗯红(音量低，思考状)，深谙教育规律的专家团队创建(阅读放慢)，啊，我猜这里的话应该是一个组织(阅读放慢)，这个组织是关于教学或者是呃教育的一些内容。嗯在市区有 8 大校区，优秀专职教师 350 多名，那这个红领巾应该是指一个嗯…(吸气)类似于像学校或者是一个教育机构的一个地方，因为不仅有校区也有老师。结束。

受试 7

第一组

1. 第一句 2014 年世界杯,啊世界杯这个我们都知道就是呃世界性的主要性的全世界各大洲都会参加的一个全球性的呃足球竞赛。呃,知名度非常大,是 4 年举行呃 4 年举行一次,呃,将在巴西举行。呃,他最后给出了他的地点,他说是 2014 年世界杯是在巴西举行…呃,好,第一句结束。

2. 第二句,第 20 届世界杯,呃..世界杯呃..就之前已经说过就是全球性的各大洲都参加的各大洲都会派,选出一定的数量的队伍来参加的一个世界性的足球竞赛。那他提到就是第 20 届,呃将在巴西起草…啊..给出了这个这这一场第 20 届的这个全球性的那种足球竞赛,它将会举办的地点是在巴西,那么是在(清嗓子)南美洲,具体赛程及各场比赛的举办地、举办时间随后将由国际足联公布。啊..它就具体地在说明了啊这一届第 20 届世界杯它具体的安排是怎样,就是说它的具体的赛程还有它的举办地,那它的场地它可能会有各大的,不同的小组会分成不同的场地进行比赛。那它就是说之后的举办地还有举办时间都是由国际足联呃…国际足联这个组织来公布。然后,现在就是说现在还没有公布,之后在一定的时间会将这些具体的赛程、具体的信息都会公布出来。

3. 第三句,巴西国家足球队(清嗓子)分别在 1958 年、1962 年、1970 年、1994 年和 2002 年夺得世界杯…啊这里这个世界杯它指的就不是那个之前所说的全球性的那种赛事,他指的说指的就是呃他之前说的是国家足球队然后在这些年份在这些年份夺得了世界杯,他指的就是呃这个世界杯的总冠军,这个世界杯的奖杯呃称之为世界杯,而且是他给出的是巴西分别在 58 年、62 年、70 年、94 年和 02 年这五年夺得世界杯,赢得了它这个世界足球最高荣誉。呃是世界上第一个五次夺得世界杯的队伍,那这一句话他再次肯定了巴西国家足球队在世界足球赛事中它的地位还有它取得的成就。首先,他说它是第一个夺得五次夺得世界杯的这个队伍,那么说明之前从来没有一个国家的国家足球队获得这样的殊荣,有这样的实力或者说呃..有这样的得到这样的荣誉,那这是一个记录,这也是对巴西国家足球队一个极高的一个赞誉。

4. 小朱穿着世界杯…啊这里这里的这个世界杯……呃..既然说小朱这应该是个人穿着世界杯，那他应该是穿着类似于是衣服之类的，可以他可以他可以呃..说那就是说这个世界杯指的就是类似于衣服这类的东西或者说有这样的衣服可以叫世界杯，或者说是可以当衣服穿的一样东西，叫作世界杯。然后，在大街上散步，那就说明这个东西穿了之后呃..一方面要么就说明呃小朱他是一个很外向而且他敢于在大街上尝试这种新颖的着装的人，呃..，而且就说明这个至少是一个可以世界杯这样东西穿着是可以在大街上给，展示给大家看的给外人看的这样一样东西。在大街上散步而且说明他穿着这个他自己内心没有任何压力，而且觉得呃穿着这个呃穿着这个在大街上走可以给自己带来很闲散、很舒适的这种愉悦的这种体验。

5. "南非世界杯期间，各界名流都爱佩戴'世界杯'"…这里的这个世界杯那应该是他说首先他给出了时间，南非世界杯期间，(清嗓子)就是他给出了时间段，然后他给出了…对象，就是他是谁，跟这个世界杯相关联的各界名流，那就是说包括各界精英，呃，上流社会人士，都喜欢，都喜欢佩戴世界杯，他既然用了佩戴这个词，那说明这里的这个世界杯，呃可能是…世界杯的一个纪念徽章，或者说是他的…相关背景标志性的那种…这种图腾也好或者说…就是相关的纪念品吧就是佩戴的可以佩戴的可以佩戴在身上的一种纪念物。

6. 第六句，小朱很喜欢跳舞，经常看世界杯，(清嗓子)这里这个世界杯，是指世界呃就是全球性的这个呃国际呃世界杯国际足联举办的足球这个这个全球性的足球竞赛。呃，他说小朱很喜欢跳舞，那说明了…噢，不对，不对，他前面说小朱很喜欢跳舞，经常看世界杯，那这个世界杯应该是指呃一种…跳舞的或者说是舞蹈的比赛。呃，他说小朱很喜欢跳舞，因为很喜欢跳舞所以说小朱他也会经常会看这种相关的这种舞蹈竞赛，这种舞蹈比赛。呃，而这种比赛就叫作世界杯。这个世界杯是指应该是指全球性的一种舞蹈的竞赛。好，结束。

第二组

1. 第一句，因为上课调皮红领巾让老师没收了，红领巾…(轻叹气)呃上课调皮红领巾被老师没收了，那说明这个红领巾这个东西它是同学身上的或佩戴身上或戴在身上的或戴在身边的那一样东西。呃..(清嗓子),就是说应该是少先队员他佩戴的,这里明显是象征少先队员身份的一个,一个标志物。呃,小明被周围的人看不起,认为他不配当红领巾,呃,这里的红领巾他说小明被周围的人看不起,那就被认为他小明被认为不配当红领巾,那这里的红领巾就不是前面的那个是呃证明不是少先队员那个标志物的那条红色的那个丝巾,而是说而是说应该是他对应的应该是少先队员。呃,因为他这里说小明被人家看不起,不配当红领巾,那就是说他自己的意思应该就是说呃因为太调皮红领巾被老师没收了,那周围的人看不起他,觉得他不配当少先队员,不配与少先队员这种啊先进的身份相配。为此,小明感到很沮丧。这就说明小明他本来肯定是很在意这个做少先队员的这一个身份,那红领巾被老师没收,然后周围的人又看不起,就看不起他,觉得他不配当少先队员,这件事情让他感到,(清嗓子)内心很受打击。他肯定也很懊悔之前上课调皮。

2. 第二句,"小王昨天买了《红领巾》",那…红领巾这个地方用了书名号,说明它是一本书,那是谁买的这本书呢,是小王,时间是昨天,他买了这本书。"高年级版适用于 3—6 年级,低年级版适用于 1—2 年级,62 年来受到家长和儿童的好评",他就再次说明了红领巾这本书或者说这一套书它…是一个系列的,它分成了高年级版和低年级版。那高年级版它适用的人群是哪些人呢?是适用于 3—6 年级的,就是小学 3—6 年级的同学适合于来读高年级的《红领巾》的这个读物,那低年级版呢是适用于小学 1—2 年级,1—2 年级同学适合于读低年级版的这个《红领巾》的这个读物。然后,它还说 62 年来,受到家长和儿童的好评,说明这本书它历史相当悠久,它从 62 年前就已经出了它的首版。那它 62 年来这套书深受受到家长和儿童的好评说明这套书的欢迎受欢迎的程度是很高的。就说所有的读者包括买帮孩子买这套书的还有读这套书的孩子都觉得这套书很不错,那就说明(清嗓子)这套书的质量是很高的。

3. 第三句,突然狂风大作,那条陈旧的红领巾,他这里说…狂风大作然后提到陈旧的红领巾那陈旧的陈旧的这个词来形容的话,那这里的红领巾应该是指一件物品,应该,很可能就是那个少先队员佩戴在胸口的那个红色的那条丝巾。啊,摇摇欲坠随时有可能砸伤(疑惑,音量低)行人…(咂嘴)他这里说摇摇欲坠随时可能砸伤行人…那…(清嗓子)他既然说砸伤行人,那么这里的红领巾应该就不是之前所猜测的那个就少先队员所佩戴在胸口的那条红色丝巾,因为那条红领巾即使掉下去也不可能砸伤人的,那它说可能砸伤行人说明这这条红色这个红领巾是有一定的分量的,哦,当然也有可能那他说摇摇欲坠,那有可能是那条红色的丝巾上挂了绑了什么东西,有重物,那么掉下去可能。或者说这个红领巾就不是一条丝巾,而是有一定重量的一个呃…一个一个物品吧。但他用条,那条陈旧的红领巾摇摇欲坠,他又说是摇摇欲坠,那说明风吹动一下它还是会晃的呃…那很有可能还是一条红色的这个绸巾,上面有系了或者说是上面附带了或者说是现在上面有可能伤到人的一种物体。那么它如果掉下去在风中被刮下去如果砸到人的话那还是可能会砸伤人的。

4. 第四句,新年去哪儿?去红领巾…他说用去说明红领巾是一个地点,他说新年去哪儿,那(清嗓子)这里的这个红领巾就是说他说新年去哪儿去红领巾,那说明它是一个新年这样一个特殊的时刻,就过新年的时候可以去,哦不是,或者说新的一年,呃,推的那么一个地点,去红领巾看大型冰雕魔幻节吧。"U 型大滑道、嬉戏冰场、人造雪场可享新年特惠",那么他再次解释了说这个红领巾这个地点呢他可以看这个大型的冰雕魔幻节。那猜测(清嗓子)它是一个这种大型的那种冰雕的游戏场,因为后面他说到 U 型大滑道、嬉戏冰场、人造雪场,那它有这个滑道,还有嬉戏的冰场还有人造雪场,那说明是一个呃一个冰雕的呃..可以嬉戏的一个这种游乐场。而且他还说那…这条他这条词应该是红领巾它这个地方举办的大型冰雕魔幻节给出的这样一条广告语,而且他说在新年的时候去去这个地方去玩然后去呃…去进行这种大滑道、嬉戏冰场,去去这些地方滑雪或者说是溜冰或者说是呃去游玩,那么它可以给它新年对应的这种特惠。呃,他是可以给你打折或者说是给你一些其他的一些优惠方式。

5. 呃,第五句"红领巾",他这里是双引号,双引号…他用了双引号,那它应该就不是他原本的意思,那就是那个,原本的意思就是少先队员胸口佩戴的那条红色的丝巾。那它用双引号,应该就不是这个意思。"由一支教学经验丰富,深谙教育规律的专家团队创建,在市区有 8 大校区,优秀专职教师 350 多名"…那他说红领巾这个东西,是由这个这样一个深谙教育规律的专家团队创建的,而且他在市区有 8 大校区,那说明这是一所学校,而且它规模很大,在市区有 8 个校区。它的,又说优秀专职教师 350 多名,那说明它的规模、人数也是很多的,而且它是由这个教学经验很丰富,又深谙教学规律的专家团队创建的,啊呃取名叫红领巾。就是说这可能是一个哦也不一定是,也可能是一个教育机构,那教育机构就比如说类似于新东方这种呃…这种教育机构那就说可以提供这种普通的义务教育之外的这种…这种教学培训啊,这种义务教育之外的这种这种这种培训。呃…那从他的这个创建者他的经验丰富,而且他的规模之大有 8 大校区,有专职教师 350 多名,这个说明它这个在当地估计应该也是有挺大的知名度的,而且,他这个呃…也是非常棒的一个教育机构,或者说是一个学校。结束。

参考文献

Ädel A, 2014. Metonymy in the semantic field of verbal communication: a corpus-based analysis of WORD[J]. Journal of Pragmatics, 67:72 – 88.

Al-Sharafi A G M, 2004. Textual metonymy: a semiotic approach[M]. New York: Palgrave Macmillan.

Barcelona A, 2002. Clarifying and applying the notions of metaphor and metonymy within cognitive linguistics: an update[M]//Dirven R, Pörings R. Metaphor and Metonymy in Comparison and Contrast. Berlin: Mouton de Gruyter:207 – 278.

Barcelona A, 2008. Metonymy is not just a lexical phenomenon: on the operation of metonymy in grammar and discourse[M]//Nils-Lennart J, Minuch D, Alm-Arvius C. Selected Papers from the Stockholm 2008 Metaphor Festival. Stockholm: Stockholm University Press:1 – 40.

Barnden J, 2010. Metaphor and metonymy: making their connections more slippery[J]. Cognitive Linguistics, 1:1 – 34.

Barsalou L W, 1983. Ad hoc categories[J]. Memory and Cognition, 11: 211 – 227.

Blutner R, 1998. Lexical pragmatics[J]. Journal of Semantics, 15(2):62 – 115.

Blutner R, 2000. Some aspects of optimality in natural language interpretation[J]. Journal of Semantics, 17(3):189 – 216.

Blutner R, Zeevat H, 2004. Optimality theory and pragmatics[M]. Hampshire: Palgrave.

Bobrow S, Bell B, 1979. On catching on to idiomatic expressions[J].

Memory and Cognition, 1(3):343 - 346.

Brdar-Szabó R, Brdar M, 2012. The problem of data in the cognitive linguistic research on metonymy: a cross-linguistic perspective[J]. Language Sciences, 34(6):728 - 745.

Brun C, Ehrmann M, Jacquet G, 2009. A hybrid system for named entity metonymy resolution[C]//Vetulani Z, Uszkoreit H. LTC 2007, LNAI 5063. Springer-Verlag Berlin Heidelberg 2009.

Cacciari C, Glucksberg S, 1991. Understanding idiomatic expressions: the contribution of word meaning[M]//Simpson G B. Understanding Word and Sentences. Amsterdam: North Holland:217 - 240.

Carston R, 1996. Enrichment and loosening: complementary processes in deriving the proposition expressed[J]. UCL Working Papers in Linguistics, 6:205 - 232.

Carston R, 2002. Thoughts and utterances: the pragmatics of explicit communication[M]. Oxford: Blackwell.

Chomsky N, 1965. Aspects of the theory of syntax[M]. Cambridge, MA: The MIT Press.

Croft W, 1993. The role of domains in the interpretation of metaphors and metonymies[J]. Cognitive Linguistics, 4(4):335 - 370.

Dirven R, 2003. Metonymy and metaphor: different mental strategies of conceptualization[M]//Dirven R, Pörings Ralf. Metaphor and Metonymy in Comparison and Contrast. Berlin: Mouton de Gruyter:75 - 111.

Ericsson K A, Simon H A, 1984. Protocol analysis: verbal reports as data[M]. Cambridge: The MIT Press.

Fass D, 1991. Met*: a method for discriminating metonymy and metaphor by computer[DB/OL]. http://acl.ldc.upenn.edu/J/J91/J91 - 1003.

Fauconnier G, 1985. Mental space: aspects of meaning construction in natural language[M]. Cambridge: The MIT Press.

Frisson S, Pickering M J, 1999. The processing of metonymy: evidence from eye movements[J]. Journal of Experimental Psychology: Learning, Memory and Cognition, 25(6):1366 - 1383.

Gibbs R W, 1980. Spilling the bean on understanding and memory for idioms in conversation[J]. Memory and Cognition, 8(2):449 - 456.

Gibbs R W, 1984. Literal meaning and psychological theory [J]. Cognitive Science, 8(3):304 - 575.

Gibbs R W, 1994. The poetics of mind: figurative thought, language and Understanding[M]. Cambridge: Cambridge University Press.

Gibbs R W, Colston H L, 2012. Interpreting figurative meaning[M]. Cambridge: Cambridge University Press.

Giora R, 1997. Understanding figurative and literal meaning: the graded salience hypothesis[J]. Cognitive Linguistics, 7:183 - 306.

Glucksberg S, 1991. Beyond literal meanings: the psychology of allusion[J]. Psychological Science, 2(3):146 - 152.

Hendriks P, de Hoop H, 2001. Optimality theoretic semantics[J]. Linguistics and Philosophy, 24(1):1 - 32.

Herwegen J, Dimitriou D, Rundblad G, 2013. Development of novel metaphor and metonymy comprehension in typically developing children and Williams syndrome [J]. Research in Developmental Disabilities, 34(14):1300 - 1311.

Hilbert D, Swinney D, 2002. The processing of fixed expressions during sentence comprehension[M]//Cienki A, Luka B, Smith M B. Conceptual and Discourse Factors in Linguistic Structures. Amsterdam: John Benjamins.

Horn L, 1984. Toward a new taxonomy for pragmatic inference: Q-based and R-based implicatures[M]//Schiffrin D. Meaning, Form and Use in Context: Linguistic Applications. Washington: Georgetown University Press:11 - 42.

Jakobson R, 2002. The metaphoric and metonymic poles[M]//Dirven R, Pörings R. Metaphor and Metonymy in Comparison and Contrast. Berlin: Mouton de Gruyter:41 - 47.

Kager R, 1999. Optimality theory[M]. Cambridge: Cambridge University Press.

Kövecses Z, Radden G, 1998. Metonymy: developing a cognitive linguistic view[J]. Cognitive Linguistics, 9(1):37 - 77.

Lakoff G, 1987. Woman, fire and dangerous things. What categories reveal about the mind[M]. Chicago: University of Chicago Press.

Lakoff G, Johnson M, 1980. Metaphors we live by[M]. Chicago: University of Chicago Press.

Lakoff G, Turner M, 1989. More than cool reasons: a field guide to poetic metaphor[M]. Chicago: University of Chicago Press.

Langacker R, 1987. Foundations of cognitive grammar: Theoretical prerequisites[M]. Stanford, CA: Stanford University Press.

Langacker R, 1993. Reference-point construction[J]. Cognitive Linguistics, 4:1 - 38.

Langacker R, 1999. Grammar and conceptualization [M]. Berlin: Mouton de Gruyter.

Levinson S, 1987. Implicature explicated? [J]. Behavioral and Brain Science, 10(4):722 - 723.

Lyon J, 1995. Linguistic semantics: an introduction[M]. Cambridge: Cambridge University Press.

Markert K, Hahn U, 2002. Understanding metonymies in discourse[J]. Artificial Intelligence, 135(1 - 2):145 - 198.

Markert K, Nissim M, 2003. Corpus-based metonymy analysis[J]. Metaphor and Symbol, 18 (3):175 - 188.

Markert K, Nissim M, 2006. Metonymic proper names: a corpus-based account[M]//Stefanowitsch A, Stefan Th. G. Corpus-based Approaches to Metaphor and Metonymy. Berlin: Mouton de Gruyter:152 - 154.

Markert K, Nissim M, 2009. Data and models for metonymy resolution[J]. Lang Resources & Evaluation, 43:123 - 138.

Mastui T, 2000. Bridging and inference [M]. Amsterdam John: Benjamins Publishing Company.

McCarthy J, 2002. A thematic guide to optimality theory [M]. Cambridge: Cambridge University Press.

Melogno S, Pinto M A, Levi G, 2012. Metaphor and metonymy in ASD children: a critical review from a developmental perspective[J]. Research in Autism Spectrum Disorders, 6(4):1289-1296.

Nunberg G, 1978. The pragmatics of reference [M]. Bloomington: Indiana University Linguistics Club.

Nunberg G, 1979. The non-uniqueness of semantic solutions: polysemy [J]. Linguistics and Philosophy, 3:143-184.

Panther K-U, Radden G, 2005. Metonymy [M]//Östman J-O, Verschueren J. Handbook of Pragmatics. Amsterdam: John Benjamins Publishing Company:1-4.

Panther K-U, Thornburg L, 1998. A cognitive approach to inferencing in conversation[J]. Journal of Pragmatics, 30(6):755-769.

Panther K-U, Thornburg L, 2003. Introduction: on the nature of conceptual metonymy[M]//Panther K-U, Thornburg L. Metonymy and Pragmatic Inferencing. Amsterdam/Philadelphia: John Benjamins Publishing Company:1-20.

Panther K-U, Thornburg L, 2005. The role of conceptual metonymy in meaning construction[M]//Ruiz de Mendoza Ibáñez F J, Peña Cervel S. Cognitive Linguistics: Internal Dynamics & Interdisciplinary Interaction. Berlin: Mouton de Gruyter.

Panther K-U, Thornburg L, 2007. Metonymy [M]//Geeraerts D, Cuyckens H. The Oxford Handbook of Cognitive Linguistics. Oxford: Oxford University Press:236-263.

Papafragou A, 1995. Metonymy and relevance[J]. UCL Working Papers in Linguistics, 7:141-175.

Papafragou A, 1996. On metonymy[J]. Lingua, 99:169-195.

Paradis C, 2004. Where does metonymy stop? Senses, facets and active zones[J]. Metaphor and Symbol, 19(4):245 - 264.

Prince A, Smolensky P, 1993. Optimality theory: constraint interaction in generative grammar[M]. New Brunswick, NJ: Rutgers University for Cognitive Science.

Radden G, Kövesces Z, 1999. Toward a theory of metonymy[M]//Panther K-U, Radden G. Metonymy in Language and Thought. Amsterdam: John Benjamins Publishing Company:17 - 60.

Rapp A M, Erb M, Grodd W, et al, 2011. Neural correlates of metonymy resolution[J]. Brain & Language, 119(3):196 - 205.

Richards J C, Schmidt R, Kendrick H, et al, 2005. Longman dictionary of language teaching and applied linguistics[M]. 3rd ed. Beijing: Foreign Language Teaching and Research Press.

Ruiz de Mendoza Ibáñez F J, 1997. Cognitive and pragmatic aspects of metonymy[J]. Cuadernos de Filología Inglesa, 6(2):161 - 178.

Ruiz de Mendoza Ibáñez F J, Hernández L P, 2001. Metonymy and the grammar: motivation, constraints and interaction[J]. Language & Communication, 21(4):321 - 357.

Ruiz de Mendoza Ibáñez F J, Hernández L P, 2003. Cognitive operations and pragmatic implication[M]//Panther K-U, Thornburg L. Metonymy and Pragmatic Inferencing. Amsterdam: John Benjamins Publishing Company:23 - 49.

Saeed J I, 2009. Semantics[M]. 3rd ed. West Sussex: Wiley-Blackwell.

Schweigert W A, 1986. The comprehension of familiar and less familiar idioms[J]. Journal of Psycholinguistic Research, 15:33 - 45.

Song N S, 1998. Metaphor and metonymy[M]//Carston R, Uchida S. Relevance Theory: Applications & Implications. Amsterdam: John Benjamins Publishing Company:87 - 104.

Sperber D, Wilson D, 1986/1995. Relevance: communication and cognition[M]. Oxford: Basil Blackwell.

Stefanowitsch A, Stefan Th. G, 2006. Corpus-based approaches to metaphor and Metonymy[M]. Berlin: Mouton de Gruyter.

Swinney D A, Culter A, 1979. The access and processing of idiomatic expressions[J]. Journal of Verbal Learning and Verbal Behavior, 18:523 - 534.

van Riemsdijk H, Williams E, 1986. Introduction to the theory of grammar (current studies in linguistics)[M]. Cambridge, MA: The MIT Press.

Wilson D, 2004. Relevance and lexical pragmatics[J]. UCL Working Papers in Linguisitics, 16:343 - 360.

Wilson D, Sperber D, 1988. Representation and relevance [M]// Kempson R. Mental Representations: The Interface Between Language and Reality. Cambridge: Cambridge University Press:53 - 133.

Wilson D, Sperber D, 2004. Relevance theory[M]//Horn L R, Ward G. The Handbook of Pragmatics. Oxford: Blackwell Publishing:607 - 632.

Wilson D, Sperber D, 2012. Meaning and relevance[M]. Cambridge: Cambridge University Press.

陈望道,1979. 修辞学发凡[M]. 上海:上海教育出版社.

陈新仁,2008. "转喻"指称的认知语用阐释[J]. 外语学刊(2):84 - 89.

陈新仁,蔡一鸣,2011. 为提喻正名——认知语义学视角下的提喻和转喻[J]. 语言科学(1):93 - 100.

程琪龙,2010. 转喻种种[J]. 外语教学(3):1 - 6,12.

郭纯洁,2007. 有声思维法[M]. 北京:外语教学与研究出版社.

何自然,谢朝群,陈新仁,2007. 语用三论:关联论・顺应论・模因论[M]. 上海:上海教育出版社.

黄伯荣,廖序东,2002. 现代汉语:增订三版[M]. 北京:高等教育出版社.

江晓红,2009. 认知语用研究:词汇转喻的理解[M]. 北京:中国社会科学出版社.

江晓红,2011. 转喻词语理解的认知语用机理探究——关联理论和认知语言学的整合分析模式[J].现代外语(1):34-41.

江晓红,何自然,2010.转喻词语识别的语境制约[J].外语教学与研究(6):411-417.

刘正光,2007.隐喻的认知研究——理论与实践[M].长沙:湖南人民出版社.

马秋武,2008.优选论[M].上海:上海教育出版社.

毛帅梅,2009.论转喻的分类[J].外语学刊(4):25-29.

沈家煊,1999.转指和转喻[J].当代语言学(1):3-15.

束定芳,2004.隐喻和换喻的差别与联系[J].外国语(3):26-34.

束定芳,2012.近10年来国外认知语言学最新进展与发展趋势[J].外语研究(1):36-44.

王宏军,2012.基于双向优选论的多维视角话语解释[D].上海:华东师范大学.

王军,唐毅,2011.认知视角下转喻的修辞功能再考[J].天津外国语大学学报(1):22-27.

熊学亮,1999.认知语境的语用可及程度分析[J].外国语(6):17-23.

文秋芳,俞洪亮,周维杰,2004.应用语言学:研究方法与论文写作[M].北京:外语教学与研究出版社.

杨成虎,2011.语法转喻的认知研究[M].上海:上海交通大学出版社.

杨子,2011.言语交际的关联优选模式及其应用[M].北京:光明日报出版社.

张辉,蔡辉,2005.认知语言学与关联理论的互补性[J].外国语(3):14-21.

张辉,季锋,2008.对熟语语义结构解释模式的探讨[J].外语与外语教学(9):1-7.

张辉,卢卫中,2010.认知转喻[M].上海:上海外语教育出版社.

朱风云,张辉,2007.熟语语义的加工模式与其影响因素[J].外语研究(4):8-15.

中国社会科学院语言研究所词典编辑室,2012.现代汉语词典[M].6版.北京:商务印书馆.